Library of
Davidson College

in the 17th and 18th Centuries

AN AMS REPRINT SERIES

EUGÈNE BORREL

L'Interprétation de la musique française

(DE LULLY À LA RÉVOLUTION)

With a new Introduction and Index,
and a Bibliography of Borrel's sources

by

ERICH SCHWANDT

AMS PRESS, INC.
NEW YORK, N.Y.

LES MAITRES DE LA MUSIQUE

NOUVELLE SÉRIE

Publiée sous la direction de Léon Vallas

L'INTERPRÉTATION
DE
LA MUSIQUE FRANÇAISE
(DE LULLY A LA RÉVOLUTION)

PAR

EUGÈNE BORREL

PARIS
LIBRAIRIE FÉLIX ALCAN
108, BOULEVARD SAINT-GERMAIN, VIe
—
1934

Tous droits de traduction, d'adaptation et de reproduction réservés pour tous pays

Library of Congress Cataloging in Publication Data

Borrel, Eugène, 1876-1962
　L'interprétation de la musique française (de Lully à la révolution).

(Music and Theatre in France in the 17th and 18th centuries)
Reprint of the 1934 ed. published by F. Alcan, Paris, in series: Les Maîtres de la musique. Nouvelle sér.
　Bibliography: p.
　1. Music, French—History and criticism.
　2. Music—Performance—History. I. Title. II. Series. III. Series: Les Maîtres de la musique: Nouvelle série.
ML270.3.B74　1978　　　781.7'44　　　76-43908
ISBN 0-404-60151-0

First AMS edition published in 1978.

Reprinted from the edition of 1934, Paris,
from an original in the collections of the
Cornell University Library.

Copyright © 1978, by AMS Press, Inc.
All rights reserved.

MANUFACTURED IN THE UNITED STATES OF AMERICA

EUGÈNE BORREL

L'Interpretation de la musique française

AN INTRODUCTION TO THE AMS EDITION

Eugène Borrel (1876-1962) was one of the twentieth-century pioneers in the study of the performance-practices of Baroque music, especially those of French music of the seventeenth and eighteenth centuries. His articles on French *récitatif*, *notes inégales*, tempo traditions, and thoroughbass, as well as the present book, *l'Interprétation de la musique française de Lully à la Révolution* (Paris, 1934), were essays in which he sought to come to grips with the real, and at that time almost insurmountable, problems of performing French music of the past. In his book, Borrel hoped to present enough information about seventeenth- and eighteenth-century performance-practices to enable performers and scholars to recover what was essentially a lost tradition. His book presents, often in the form of extended quotations from contemporary French theorists and composers, copious information on instrumental and vocal techniques, qualities of sound, ornaments, thoroughbass, notational conventions, tempo, harmony, and musical expression. Contemporary views of music are emphasized.

Borrel seems to have read everything that the seventeenth-, eighteenth-, and early nineteenth-century writers had to say on problems of performance. He analyzed the thoughts of many writers and produced a well-organized and enlightening study which is in many particulars still valid and useful. His courage in attempting to foster the revival of a music with no living tradition was remarkable, and although scholars and performers are still struggling with many of the same controversial problems with which Borrel was concerned, the resuscitation of classic French music has begun in earnest. Not only have we recovered many of its outward aspects, but we have also begun to recapture the spirit and the style of the music. Splendid replicas of Baroque oboes, flutes, bassoons, cornetts, lutes, viols, musettes, etc., and sumptuous replicas of seventeenth- and eighteenth-century French harpsichords are being made and played all over the Western World. We are continuing to learn more about the inner qualities of the music as we hear more of it performed. Almost every thoughtful musician knows something about the French ornaments, unequal notes, bowing and fingering conventions, and about the dance-rhythms which animate so much of the repertory. In addition, we have quantities of French music of the past at our disposal, for in the last few years scholars have been busy editing music for study and performance, and they have recovered some real masterpieces in all genres.

In spite of these encouraging signs, and in spite of a renewed interest in French music of the past, Borrel's hopes for a full-blown revival have been only partially realized, and we are still far from the goals he envisaged. Performances of Rameau's operas, for example, are still few and far between. The difficulties involved in mounting them (including the preparation of performance materials, the training of singers and dancers, etc.) are vast, and the expenses of production (including costly "machines", scenery, and costumes) are enormous; nevertheless, they are beginning to re-enter the repertory. Lully's operas, on the other hand, will, it seems, not be revived for many years, and other seventeenth- and eighteenth-century French opera is still extremely problematic. The harpsichord music of Couperin and Rameau is heard in concert, but the public, as well as many a harpsichordist, is as yet scarcely aware of the existence of such seventeenth-century masters as Louis Couperin, Chambonnières, or d'Anglebert. French chamber music is played, but the same few "favorites" (such as Couperin's Fourth Royal Concert) predominate. The list could go on and on.

Perhaps it is time that performers and scholars read Borrel's book again. For many readers this will be their first exposure to it, as it has been long out of print. Borrel presents much information that has not been treated so fully elsewhere, but the reader will want to be on guard against Borrel's sweeping generalizations, and should not necessarily trust him on every count.

Borrel assumed an absolute continuity for French music—a performance tradition that remained literally unchanged from Lully's time to the Revolution. Many external aspects of the repertory lend support to his assumption; for example, the tables of ornaments that were reprinted almost unchanged throughout most of the eighteenth century; or the constant "Defense of the True French Style"; or the performance traditions associated with the opera orchestra. From our vantage point more than forty years later, drawing upon a quantity of recent and excellent research on classic French music, we are aware that performance conventions did change in the course of the eighteenth century, although the changes were frequently only slight. We know that the style of declamation upon which Lully modelled his *récitatif* changed greatly after his death. This change certainly affected the style of performance of the eighteenth-century Lully revivals, and surely was taken into account by later composers of operas. We are also aware that the ornaments, although they retained their distinctive shapes and their conventional placement for more than a century, underwent changes in interpretation from generation to generation. The reader should bear in mind that such modifications of detail may affect the style of performance even in an unbroken tradition.

Among the flaws in Borrel's book, three at least must be singled out for comment. (1) Borrel was in the habit of documenting the source from which he quoted by citing only the author's last name, normally without page or title references, and sometimes without any qualifying date. For example, a quotation "from Corrette" could be drawn from any of about half a dozen treatises by Michel Corrette. (2) Borrel often paraphrased material, but presented it as a literal quotation. (3) He silently conflated material, especially that on the *agréments*, and the conflation, while bolstering his argument for a continuous and unbroken performance tradition, partially falsified and clouded his discussion of this difficult subject. These flaws are offset, in great part, by the amazing amount of material included in the book. Borrel did a vast amount of research in preparing his study. He read theorists and treatises that had not been examined since the eighteenth century. Many of his authorities are not cited in any other modern studies of the era.

Updating and correcting Borrel's study proved to be neither feasible nor desirable, for the critical apparatus would have overwhelmed the book. Two examples will suffice. (1) The difficulties involved in correcting errors can

INTRODUCTION TO THE AMS EDITION

be seen on page 60, where Borrel correctly transcribed an example of the *son filé* as given on page 89 of Montéclair's *Principes de musique* (Paris, 1736). Montéclair, in quoting a passage from his own cantata *Pan et Sirinx* from memory, got the meter wrong, as well as the note values. In his treatise he calls the effect *son glissé*, but in the cantata the singer is instructed to "filez imperceptiblement du b mol au b carre en enflant le son de la voix," while the flute is to "imitez la voix s'il se peut." (2) Borrel's discussion of eighteenth-century metronomic indications shows some of the difficulties involved in updating a work now more than forty years old. The metronomic indications are not so straightforward and unambiguous as Borrel's tables (pages 185-186) would seem to indicate. Researchers in historic dance have suspected his tables for some time. Musicologists are beginning to realize that there are real problems with the metronomic indications, but much more research will be necessary before any new general conclusions about eighteenth-century tempos can be drawn. Future research must include the correlation of eighteenth-century dance-steps and choreographies with contemporary dance music. The resulting information should then be used in connection with a thorough re-evaluation of the extant sources of metronomic indications, including contemporary manuscript annotations in performing scores.

The bibliography which follows lists Borrel's sources, as nearly as I have been able to determine them. Some of his references are muddled and have yet to be tracked down. Titles of books have normally been given in abbreviated form. Where more than one date follows the place of publication, the first is that of the first edition, and the second is that of the edition used by Borrel.

EUGÈNE BORREL

The Index of Names of authors, with page-references, should prove useful to the reader, and may help him to identify quotations he might otherwise miss. Composers are not indexed unless they are speaking of performance problems. The number of references for any particular author will give the reader some idea of the importance Borrel attached to the various theorists he consulted.

ERICH SCHWANDT

The University of Victoria
Victoria, British Columbia
April, 1977

SHORT-TITLE BIBLIOGRAPHY OF BORREL'S SOURCES

Alembert, Jean le Rond d'. *Elémens de musique, théorique et pratique, suivant les principes de M. Rameau.* Paris, 1752; 1759.

Ancelet. *Observations sur la musique, les musiciens, et les instruments.* Amsterdam, 1757.

Anglebert, Henri d'. *Pièces de clavecin.* Paris, 1689.

[Anonymous]. *Remarques au sujet de la lettre de M. Grimm sur Omphale.* Paris, 1752.

[Anonymous]. *Réponse à la critique de l'opéra de Castor.* [n.p.], 1773.

Bach, J.S. Clavier-Büchlein vor Wilhelm Friedemann Bach. MS, 1720.

Bacilly, Bénigne de. *Remarques curieuses sur l'art de bien chanter.* Paris, 1668; 1679.

Bailleux, Antoine. *Méthode pour apprendre facilement la musique vocale et instrumentale.* Paris, [1770].

Bailleux, Antoine. *Méthode raisonnée pour apprendre à jouer du violon.* Paris, [1798].

Batteux, Charles. *Les beaux-arts réduits à un même principe.* Paris, 1746; 1773.

Bedos de Celles, Dom François. *L'Art du facteur d'orgues.* Paris, 1776-1778.

Bérard, Jean-Antoine. *L'Art du chant.* Paris, 1755.

Berthet, Pierre. *Leçons de musique, ou exposition des traits les plus nécessaires pour apprendre à chanter.* Paris, 1691; 1696.

Béthizy de Mézières, Jean-Laurent de. *Exposition de la théorie et de la practique de la musique.* Paris, 1754; 1764.

Blainville, Charles-Henri de. *L'Esprit de l'art musical, ou réflexions sur la musique et ses différentes parties.* Geneva, 1754.

Blainville, Charles-Henri de. *Histoire général, critique et philologique de la musique.* Paris, 1767.

Blanchet, Jean. *L'Art ou les principes philosophiques du chant.* Paris, 1756.

Blavet, Michel. *Sonates mêlées de pièces pour la flûte-traversière avec la basse.* Œuvre II. Paris, 1732.

Boindin, Nicolas. *Lettres historiques sur tous les spectacles de Paris.* Paris, 1719.

Boisgelou, Paul-Louis Roualle de. Catalogue des livres de la Bibliothèque du Roy qui traitent de la musique. MS, 1787. [Paris, BN, Rés Vm^8. 26.]

Bollioud de Mermet, Louis. *De la corruption du goust dans la musique françoise.* Lyons, 1746.

Bonnet, Jacques. *Histoire de la musique et de ses effets.* Paris, 1715.

Bordet, Toussaint. *Méthode raisonnée pour apprendre la musique.* Paris, [1755].

Bordier. Louis-Charles. *Nouvelle méthode de musique.* Paris, [c. 1760]; [1775].

Borghese, Antonio. *L'Art musical ramené à ses vrais principes ou lettres...à Julie.* Paris. 1786.

Borjon de Scellery, Charles-Emmanuel. *Traité de la musette.* Lyons, 1672.

Bornet, l'aîné. *Méthode de violon et de musique.* Paris, 1784-1788.

Bossuet, Jacques-Bénigne. *Maximes et réflexions sur la comédie précédés de la lettre au Père Caffaro et de deux lettres de ce réligieux suivies d'un épitre en vers adressée à Bossuet.* Paris, 1694.

Bouin, Jean-François. *La vielleuse habile ou nouvelle méthode courte, très facile, et très sur pour apprendre à jouer de la vielle.* Œuvre III. Paris, 1761.

Bourgeois, Loys. *Le droict chemin de la musique.* Geneva, 1550.

Boyé. *L'Expression musicale mise au rang des chimères.* Paris, 1779.

Boyer, Pascal. *Lettre à Monsieur Diderot sur le projet de l'unité de clef dans la musique et la réforme des mesures proposées par M. L'abbé La Cassagne.* Paris, 1767.

Boyvin, Jacques. *Traité abrégé de l'accompagnement.* Paris, 1700; 1705.

Brijon, C.-R. *L'Apollon moderne, ou le développement intellectuel par les sons de la musique.* Œuvre II. Lyons, 1780; 1782.

Brijon, C.-R. *Réflexions sur la musique et la vraie manière de l'exécuter sur le violon.* Paris, 1763.

Brossard, Sébastien de. Catalogue des livres de musique théorique

BIBLIOGRAPHY

et pratique, vocale et instrumentale, tant imprimé que manuscrite, qui sont dans le cabinet du Sr. Sébastien de Brossard...et dont il supplie très humblement Sa Majesté d'accepter le don, pour être mis et conservez dans sa bibliothèque. MS, 1724. [Paris, BN, Rés Vm^8. 19.]

Brossard, Sèbastien de. *Dictionnaire de musique*. Paris, 1703.

Burney, Charles. *The Present State of Music in France and Italy*. London, 1771.

Buterne, Charles. *Méthode pour apprendre la musique vocale et instrumentale*. Rouen. 1752.

Caffiaux, Dom Philippe-Joseph. Histoire de la musique depuis l'antiquité jusqu'en 1754. MS, c. 1760. [Paris, BN, MS autogr. fr. 22536-38.]

Cajon, Antoine-François. *Elémens de musique avec des leçons à une et deux voix*. Paris, 1772.

Campion, François. *Addition au traité d'accompagnement et de composition par la règle de l'octave*. œuvre IV. Paris, 1730.

Carré, le frère Rémy. *Le maistre des novices dans l'art de chanter*. Paris, 1744.

Cartier, Jean-Baptiste. *L'Art du violon*. Paris, [1798].

Caus, Salomon de. *Institution harmonique*. Frankfurt, 1615.

Cazotte, Jacques. *Observations sur la lettre de J.-J. Rousseau au sujet de la musique françoise*. [n.p.], 1753.

Chabanon, Michel-Paul Guy de. *De la musique considérée en elle-même et dans ses rapports avec la parole, les langues, la poésie et le théâtre*. Paris, 1785.

Chabanon, Michel-Paul Guy de. *Observations sur la musique, et principalement sur la metaphysique de l'art*. Paris, 1779.

Charpentier, Marc-Antoine. Règles de composition. [With an] Abrégé des règles l'accompagnement. MS, [n.d.]. [Paris, Bn, MS fr. n.a. 6335.]

Chastellux, François-Jean de. *Essai sur l'union de la poésie et de la musique*. Paris, 1765.

Chastellux, François-Jean de. *Nouvelle lettre à M. Rousseau de Genève*...[n.p.], 1754.

Chastellux, François-Jean de. *Observations sur un ouvrage nouveau intitulé: Traité du melodrame ou réflexions sur la musique dramatique*. Paris, 1771.

Choquel, Henri-Louis. *La musique rendue sensible par la méchanique.* Paris, 1759; 1762.

Coclico, Adrianus Petit. *Compendium musices.* Nuremburg, 1552.

Corrette, Michel. *Les amusements du Parnasse. Méthode courte et facile pour apprendre à toucher le clavecin.* Livre I. Paris, [1749].

Corrette, Michel. *L'Art de se perfectionner dans le violon.* Paris, [1782].

Corrette, Michel. *L'Ecole d'Orphée, méthode pour apprendre facilement à jouer du violon dans le goût françois et italien.* Œuvre XVIII. Paris, 1738.

Corrette, Michel. *Le maître de clavecin pour l'accompagnement.* Paris, 1753.

Corrette, Michel. *Méthode théorique et pratique pour apprendre en peu de tems le violoncelle dans sa perfection.* XXIVe ouvrage. Paris, 1741. 1741.

Couperin, François. *L'Art de toucher le clavecin,* Paris, 1716; 1717.

Couperin, François. *Pièces de clavecin.* 4 vols. Paris, 1713-1730.

Couperin, François. Règle pour l'accompagnement. MS, c. 1698. [Paris, BN, MS fr. n.a. 4673.]

Cucuel, Georges, *La Pouplinière et la musique de chambre au XVIIIe siècle.* Paris, 1913.

D'Aquin de Château-Lyon, Pierre-Louis. *Siècle littéraire de Louis XV, ou lettres sur les hommes célèbres.* Première partie. Amsterdam, 1753.

David, François. *Méthode nouvelle ou principes généraux pour apprendre facilement la musique et l'art de chanter.* Paris, [1737].

Delair, Denis. *Traité d'accompagnement pour le théorbe, et le clavessin.* Paris, 1690.

Delair, Denis. *Nouveau traité d'accompagnement.* Paris, 1723.

Dellain, Charles-Henri. *Nouveau manuel musical.* Paris, 1781.

[Demoz de la Salle]. *Méthode de musique selon un nouveau système très-court, très-facile et très-sur.* Paris, 1728.

Denis, Claude. *Nouvelle méthode pour apprendre en peu de tems la musique et l'art de chanter.* Paris, 1757. [1st ed. (Paris, 1747) as: *Nouveau système...*]

Dictionnaire universel françois et latin [called *Dictionnaire e Trévoux*]. Paris, 1743-1752.

Diderot, Denis. *Au petit prophète de Boemischbroda.* Paris, 1753.

[Didier-Saurin]. *La musique théorique et pratique dans son ordre naturel.* Paris, 1722.

BIBLIOGRAPHY

Dieupart, Charles. *Six suittes de clavessin.* Amsterdam, [n.d.].

Dornel, Antoine. *Le tour de clavier, sur tous les tons majeurs et mineurs, pour conduire facilement les étudians d'accompagnement à connoître les tons les plus difficiles.* Paris, 1745.

Dubos, Jean-Baptiste. *Réflexions critiques sur la poésie et sur la peinture.* Paris, 1719; 1732.

Dupont, [Pierre]. *Principes de musique par demandes et réponces.* Paris, 1713; 1718.

Duport, Jean-Louis. *Essai sur le doigter du violoncelle et la conduite de l'archet.* Paris, 1806-1819.

Dupuit, Jean-Baptiste. *Principes pour toucher de la viele, avec six sonates pour cet instrument.* Œuvre I. Paris, 1741.

Durieu. *Méthode de violon.* Paris, [1796].

Durieu. *Nouvelle méthode de musique vocale.* Paris, [1794].

Duval, abbé Pierre. *Méthode agréable et utile pour apprendre facilement à chanter juste, avec goût et précision.* Paris, [1775].

Duval, abbé Pierre. *Principes de la musique pratique par demandes et par réponses.* Paris, 1764.

Emy de l'Ilete. *Théorie musicale.* Paris, 1810.

Encyclopédie ou dictionnaire raisonné des sciences, des arts, et des métiers. Paris, 1751-1758.

Encyclopédie méthodique. Musique. Paris, 1791-1818.

Engramelle, Marie-Dominique-Joseph. *La tonotechnie.* Paris, 1775.

Etat actuel de la musique du roi et des trois spectacles de Paris. Paris, 1759-1778.

Fontenay, Louis-Abel de Bonafous, abbé de. *Dictionnaire des artistes, ou notice historique et raisonnée des architectes, peintres, graveurs, sculpteurs, musiciens, acteurs et danseurs.* Paris, 1776.

Foucquet, Pierre-Claude. *Pièces de clavecin.* Livre II. Paris, [1752].

Freillon-Poncein, Jean-Pierre. *La véritable manière d'apprendre à jouer en perfection du hautbois, de la flûte et du flageolet.* Paris, 1700.

Fréron, Elie-Catherine, and Joseph de La Porte. *Lettres sur quelques écrits de ce temps.* Geneva, 1749-1754.

Gabory. *Manuel utile et curieux sur la mesure du tems.* Paris, 1771.

Garcins, Laurent. *Traité du mélodrame, ou réflexions sur la musique dramatique.* Paris, 1772.

Genlis, Stéphanie-Félicité du Crest, comtesse de. *Nouvelle méthode pour apprendre à jouer de la harpe.* Paris, [c. 1802].

Gervais, Laurent. *Méthode pour l'accompagnement du clavecin*. Paris, [1733].

Gouy, Jacques de. *Airs à 4 parties sur la paraphrase des Pseaumes de Godeau*. Paris, 1650.

Grétry, André Ernest Modeste. *Mémoires ou essais sur la musique*. Paris, 1789.

Guillemain, Louis-Gabriel. *Pièces de clavecin en sonates avec accompagnement de violon*. Œuvre XIII. Paris, [n.d.].

Hotteterre, Jacques. *Méthode pour la musette*. Paris, 1737; 1738.

Jamard, T. *Recherches sur la théorie de la musique*. Paris, 1769.

Journal de musique. Paris, 1770-1777.

LaBarre, Michel de. *Pièces pour la flûte traversière avec la Basse-continue*. Œuvre IV. Paris, 1703.

L'Abbé le fils (Joseph-Barnabé Saint-Sevin). *Principes du violon pour apprendre le doigté de cet instrument*. Paris, [1761].

Laborde, Jean-Benjamin de. *Essai sur la musique ancienne et moderne*. Paris, 1780.

Lacassagne, Joseph. *Traité général des élémens du chant*. Paris, 1766.

LaCépède, Bernard-Germain-Etienne de la Ville sur Illon, Comte de. *La poétique de la musique*. Paris, 1785.

LaChapelle, Jacques-Alexandre de. *Les vrais principes de la musique*. Paris, [1736-1752].

Lacombe. *Le spectacle des beaux-arts*. Paris, 1758; 1761.

L'Affilard, Michel. *Principes très-faciles pour bien apprendre la musique*. Paris, 1694; 1705.

Laugier, Marc-Antoine. *Apologie de la musique françoise contre M. Rousseau*. Paris, 1754.

La Voye Mignot. *Traité de musique*. Paris, 1666.

Le Blanc, Hubert. *Défense de la basse de viole contre les entreprises du violon et les prétentions du violoncel*. Amsterdam, 1740.

Le Bœuf. *Traité de l'harmonie et règles d'accompagnement*. Paris, [1766].

Le Cerf de la Viéville, Jean-Laurent, Seigneur de Freneuse. *Comparaison de la musique italienne et de la musique françois*. Brussels, 1704-1706.

Leclair, Jean-Marie l'aîné. *Quatrième Livre de Sonates à violon seul avec la basse-continue*. Œuvre IX. Paris, 1743.

Lécuyer. *Principes de l'art du chant suivant les règles de la langue et de la prosodie française*. Paris, 1769.

BIBLIOGRAPHY

Ledran, N.L. *Sur les signes Do, Di, Ca, pour indications des accords en musique*. Paris, 1765.

Le Pileur d'Apligny. *Traité sur la musique et sur les moyens d'en perfectionner l'expression*. Paris, 1779.

Le Roux, Gaspard. *Pièces de clavecin*. Paris, 1705.

Loulié, Etienne. *Abrégé des principes de musique*. Paris, 1696.

Loulié, Etienne. *Eléments ou principes de musique*. Paris, 1696; 1698.

Loulié, Etienne. *Nouveau système de musique*. Paris, 1698.

Loulié, Etienne. Traité de la composition. MS, [n.d.]. [Paris, BN, MS fr. n.a. 6355 (items vi-xv).]

Mably, Gabriel Bonnet, abbé de. *Lettres à Madame la marquise de P[ompadour] sur l'opéra*. Paris, 1741.

Machy, Le Sieur de. *Pièces de violle en musique et en tablature*. Paris, 1683.

Marquet, François-Nicolas. *Nouvelle méthode facile et curieuse pour connoître le pouls par les notes de la musique*. Nancy, 1747; Paris, 1806. [With the 3rd edition (1806), edited by Pierre-Joseph Buchoz, the title was changed to *L'Art de connoître et désigner le pouls* . . .]

Masson, Charles. *Nouveau traité des règles de la composition de la musique*. Paris, 1697.

Masson, Paul-Marie. *L'Opéra de Rameau*. Paris, 1930.

Maugars, André. *Réponse fait à un curieux sur le sentiment de la musique d'Italie*. [n.p.], 1639.

Mersenne, Marin. *Harmonie universelle*. Paris, 1636.

Métoyen, J.-B. *Demonstration des principes de musique*. Paris, [n.d.].

Meude-Monpas, J.J.C., Chevalier de. *Dictionnaire de musique*. Paris, 1787.

Mondonville, Jean-Joseph Cassanea de. *Les sons harmoniques: sonates à violon seul avec la basse-continue*. Œuvre IV. Paris, [c. 1735].

Montéclair, Michel Pignolet de. *Méthode facile pour apprendre à joüer du violon*. Paris, 1711-1712.

Montéclair, Michel Pignolet de. *Principes de musique*. Paris, 1736.

Morand, Pierre de. *Justification de la musique françoise*. The Hague, 1754.

Morellet, André. "De l'Expression en musique," *Le Mercure de France* (November, 1771).

Muffat, Georg. *Florilegium secundum*. Passau, 1698.

Nemeitz, Joachim Christoph. *Le séjour de Paris, c'est à dire Instructions fidelles pour les voyageurs de condition.* Leyden, 1727.

Nivers, Guillaume-Gabriel. *Livre d'orgue.* Paris, 1665.

Ons-en-bray, Louis-Léon Pajot, Comte d'. "Description et usage d'un métromètre," *Histoire de l'Académie Royale des Sciences* (1732). Paris, 1735.

Pellegrin, l'abbé. *Dissertation sur la musique françoise et italienne.* Paris, 1754.

Pluche, Noël-Antoine. *Le spectacle de la nature.* Vol. 7. Paris, 1732.

Pure, Michel de. *Idée des spectacles anciens et nouveaux.* Paris, 1668.

Quantz, Johann Joachim. *Essai d'une méthode pour apprendre à jouer de la flûte traversière.* Berlin, 1752.

Raguenet, abbé François. *Paralèle des italiens et des français en ce qui regard la musique et les opéra.* Paris, 1702.

Raison, André. *Livre d'orgue.* Paris, 1688.

Rameau, Jean-Philippe. *Code de musique pratique.* Paris, 1760.

Rameau, Jean-Philippe. *Observations sur notre instinct pour la musique.* Paris, 1754.

Rameau, Jean-Philippe. *Pièces de clavecin.* 3 vols. Paris, 1706-1731.

Rameau, Jean-Philippe. *Pièces de clavecin en concerts.* Paris, 1741.

Rebel, Jean-Fery. *Les élémens, simphonie nouvelle,* Paris, [n.d.].

Recueil d'édits, arrêts du conseil du roi, lettres patentes...en faveur des musiciens du royaume. Paris, 1774.

Rémond de Saint-Mard, Toussaint de. *Réflexions sur l'opéra.* The Hague, 1741.

Rochemont. *Réflexions d'un patriote sur l'opéra françoise et sur l'opéra italienne.* Lausanne, 1754.

Rousseau, Jean. *Traité de la viole.* Paris, 1687.

Rousseau, Jean-Jacques. *Dictionnaire de musique.* Paris, 1768.

Saint-Evremond, Charles de St-Denis, Sieur de. *Dissertation sur l'opéra.* In *Œuvres.* London, 1705.

Saint-Lambert, Michel de. *Les principes du clavecin.* Paris, 1702.

Sauveur, Joseph. *Principes d'acoustique et de musique, ou système général des intervalles des sons.* Paris, 1701.

Senecé, Antoine Bauderon, Sieur de. *Lettre de Clément Marot, à Monseiur de****, touchant ce qui est passé à l'arrivée de Jean-Baptiste de Lully au Champs Elisées.* Cologne, 1688.

Tapray, Jean-François. *Premiers éléments du clavecin ou du piano.* Paris, [c. 1800].

BIBLIOGRAPHY

Tarade, Theordore-Jean. *Traité du violon*. Paris, [c. 1774].

Titon du Tillet, Evrard. *Le parnasse français*. Paris, 1732. Supplements: 1743, 1755, 1760.

Toinon. *Recueil de trio nouveaux pour le violon, hautbois, flûte sur les différents tons et mouvements de la musique*. Paris, 1699.

Vagué. *L'Art d'apprendre la musique*. Paris, 1733.

Van Helmont, Charles-Joseph. *Pièces de clavecin*. Œuvre I. Brussels, [n.d.].

Villeneuve, Josse de. *Nouvelle méthode...pour apprendre la musique et les agréments du chant*. Paris, 1733.

Villers, Clémence de. *Dialogues sur la musique*. Paris, 1774.

Vion, Charles-Antoine. *La musique pratique et théorique réduite à ses principes naturels*. Paris, 1742; 1744.

Le problème de l'interprétation se pose dans toute son ampleur au musicien qui étudie, en vue de l'exécution, une œuvre ancienne sur l'édition du temps. Dès le début de la lecture les énigmes se présentent en foule : bizarreries du solfège, agréments désuets, chiffrages insolites, instrumentation sommairement indiquée, hiéroglyphes divers, peu ou pas de signes de nuances, de mouvement, d'exécution. Incertitudes continuelles devant la notation, hésitations lorsqu'elle n'exprime pas tout ce que nous avons l'habitude d'y trouver, telles sont les tribulations que connaissent bien les « inventeurs » de la vieille musique. Aussi c'est à tout moment qu'on est incité à se demander : « comment faisaient-ils à l'époque » ?

Ce sont les anciens eux-mêmes qui fourniront les réponses : dans la période qui nous intéresse, de Lully à la Révolution, le dépouillement de plus de trois cent cinquante auteurs français — compositeurs, exécutants, théoriciens, critiques, amateurs — représentant un nombre double d'ouvrages donne sur chaque point des résultats d'une parfaite concordance. Non seulement il appert que la musique française a eu une physionomie tout à fait différente de l'art italien ou de l'art allemand, mais on constate que les vivaces traditions qui lui donnaient son aspect particulier, et dont certaines remontaient à la Renaissance, n'ont pas sensiblement varié de 1650 à 1800. Le collationnement des textes de dates différentes manifeste cette remarquable fixité (1), grâce à laquelle il est possible d'adopter une interprétation suffisamment pénétrée de l'esprit des anciens pour ne pas s'écarter de leurs intentions.

On n'est d'ailleurs nullement serré dans l'étau d'inexorables règles. L'arbitre suprême de l'école française est le bon goût, ainsi caractérisé par Lacassagne : « Le goût est indéfinissable ; c'est un *Certain je ne sais quoi*, dont une âme sensible est toujours pénétrée. Une oreille délicate en peut bien saisir les différentes nuances ; mais il est impossible d'expliquer en quoi précisément elles consistent » (1766). En fait, ce critère décisif n'est précisé nulle part, mais tout le monde s'accorde expressément ou tacitement à en reconnaître la valeur. L'axiome « est licite tout ce que ne désapprouve pas le bon goût » n'a jamais été contesté par personne (2).

(1) Par exemple, sur plus de mille descriptions d'agréments, fournies par deux cents auteurs, on en trouve à peine une douzaine sortant du cadre habituel, et une autre douzaine incompréhensible, par suite d'une phrase peu claire ou d'une erreur typographique.
(2) En bonne logique il faudrait affirmer l'identité du goût du xviiiᵉ siècle et du nôtre : on pourrait utiliser pour cette démonstration une pénétrante remarque de Rodin : les additions faites au cours

Il s'agit donc moins d'atteindre l'absolu d'une conformité parfaite avec l'exécution des anciens — encore qu'une telle réalisation soit des plus discutable — que de fixer des limites à l'arbitraire dans les reconstitutions du passé. Pendant trop longtemps on s'est borné à faire n'importe quoi ; il n'y a pas à insister sur les contresens de mouvement, de nuances et d'expression qui résultaient de l'application d'un tel parti pris. Il y a eu des gens à système : « La musique ancienne est majestueuse » d'autres disaient : « Jouez sec. » Enfin des musicologues s'avisèrent de remonter aux sources, et vérifièrent — ce que l'intuition avait déjà révélé à maint musicien — que la musique ancienne est, elle aussi, émouvante et expressive.

Ce sont les résultats de ces recherches qui seront présentés ici ; on examinera successivement les moyens vocaux et instrumentaux dont disposaient les Français du XVIIIe siècle, les idiotismes qui assignaient au dialecte musical français sa place particulière dans l'art européen, et la manière dont les Français comprenaient la musique ; en un mot leur idéal et sa réalisation.

<small>des siècles à nos cathédrales, en des styles différents — chapelles, vitraux, mobilier, décoration — n'en détruisent pas l'harmonie, parce qu'aux diverses époques ces embellissements ont été ordonnés par *le même goût français*.</small>

L'INTERPRÉTATION
DE LA MUSIQUE FRANÇAISE

(DE LULLY A LA RÉVOLUTION)

LE CHANT

Le chant est unanimement reconnu, par les anciens Français, comme le prototype de toute musique (1), à tel point que l'art purement instrumental se voit refuser le droit de cité : « Le plus beau chant, quand il n'est qu'instrumental, devient presque nécessairement froid, puis ennuyeux, parce qu'il n'exprime rien (2). » Or le chant, comme on peut le voir dans tous les traités de composition, n'est que de la déclamation embellie. Les anciens connaissent bien le principe, et savent en tirer toutes les conséquences logiques : « Le chant véritable n'est qu'une confirmation du sens des mots (3). » Donc le principal souci de l'art vocal sera de mettre en valeur le texte littéraire. Du côté des compositeurs, les vieilles recettes de Josquin des Prés (4)

---

(1) Cf. le violiste Rousseau : « la voix, qui est l'unique modelle de tous les Instrumens » (1687).
(2) Abbé Pluche, *Le Spectacle de la nature*, 1732.
(3) Béthizy de Mézières, 1760.
(4) Transmises par Petit Coclicus, 1552.

sont toujours en vigueur : « Componista... bene ruminet textum, qualem Tonum ant Harmoniam exigat, eumdemque textum ornate suo loco applicet, quia sunt plus quàm ceci palpantes in tenebris qui uerbis consolatorijs et gaudijs plenis addunt tristes numeros, ac uicissim mæstis uerbis laetas melodias applicant... Quia Musica multum commertij cum poësi habet (1). » Du côté des interprètes on s'efforcera de faire parvenir le texte littéraire le plus distinctement possible à l'oreille de l'auditeur ; c'est la préoccupation constante de l'école de chant française : Josquin des Prés exigeait déjà de ses élèves une prononciation sans défaut ; le P. Mersenne demande « qu'on entende la lettre (2) qui se chante dans les concerts de 4, 6, 8, 10, 20, 40 et 60 voix, comme si elle estoit prononcée par un excellent orateur ».

Michel de Pures (1668) parle des solistes : « Je ne puis souffrir un chanteur qui marmote ; j'aymerois tout autant un acteur qui béguaye sur le théâtre : ou un boiteux qui capriole. Le chant n'est qu'un parler agréable, inventé pour ajoûter de la force aux paroles, par l'agrément de la voix, et

---

(1) Que le compositeur médite bien son texte, et le place en son lieu sur le ton ou le mode convenable. Car, moins clairvoyants que des aveugles tâtant les ténèbres, il en est qui mettent de la musique triste sur des paroles gaies et vice-versa appliquent une musique légère à des paroles larmoyantes... La musique a de nombreux rapports avec la poésie.

(2) Le texte.

par la recherche des beaux et favorables tons. Quiconque donc mange les paroles, ou ne fait pas entendre ce qu'il chante, peche contre ce qu'il fait, et contre l'intention du poëte et contre le besoin du sujet... Rien ne m'a donné plus d'estime pour ces nouvelles manières que nous pratiquons depuis peu, sous le nom de *chanter de méthode* que cette exactitude, et que ce soin de conserver les paroles dans le chant, et d'empescher que le sens ne s'égare dans les fréquens et trop longs roullemens (1) de la voix. Autrefois on fredonnait à perte d'haleine, et le gosier soufroit plus pour un mot qu'aujourd'huy pour un motet. Profitons de cette heureuse réforme (2)... Faisons observer aux chanteus de bien prononcer toutes les paroles, et de ne se point

(1) *Roulements, fusées, coulades, fredons, passages, fleurtis, broderies, diminutions*, sont des traits de virtuosité vocale destinés à faire valoir l'organe du chanteur.

(2) Petit Coclicus note que par l'enseignement de Josquin des Prés « talis efficitur cantor, quod uidere licet in Belgicis, Hannoniensibus, et Gallis *qui singulare quodquam donum in canendo prae alijs nationibus habent* ». Et il en donne la raison : « in urbibus Belgicis, ubi cantoribus praemia dantur, ac ob praemia adipiscenda nullus non modus et labor adhibetur, qui ad scopum bene canendi peruentiant... ». Ces concours de musique exerçaient donc une action bienfaisante. Il semble qu'ensuite l'art vocal ait subi en France une régression : plusieurs auteurs disent qu'on prononçait fort mal en France au début du xviie siècle. Pierre de Niert rapporta d'Italie une méthode nouvelle, que Lambert, son élève, mena à la perfection. D'autre part, Bailly avait montré qu'il fallait desserrer les dents pour chanter distinctement. (En 1705, La Viéville de Freneuse écrit : « Il n'y a qu'en France où l'on sache ouvrir, comme il faut, la bouche en chantant. Tous les autres peuples, sans exception, manquent en cela. ») Dès le temps de Lully, le chant français profita de ces perfectionnements. Il n'est pas inutile de noter que l'art vocal italien a suivi une direction tout à fait différente.

permettre de fredon dans le milieu d'un mot qui coupe, et le rendre ainsi mal-entendu, ou de passage qui porte préjudice à la chose, et aux auditeurs. »

La Chapelle (1739) marque bien la différence entre l'ancienne manière de chanter et la nouvelle : « La manière de bien chanter consiste à bien prendre les tons dans leur justesse, à bien soutenir sa voix, à bien faire les cadences et tremblements, ne faire des agréments qu'à propos... à bien prononcer les paroles, à les bien exprimer ou passionner à propos, et surtout à bien observer la quantité des syllabes longues et brèves.

« Le chant est parvenu à un si haut dégré qu'on ne peut espérer d'y atteindre qu'après un long travail, on étoit autrefois beaucoup moins susceptible de cette délicatesse d'aujourd'huy et à la vérité on étoit dans l'erreur d'autant que la prononciation étoit pour ainsi dire comptés pour rien, il n'étoit question que du plus ou moins de trait (1) ; chacun avoit sa méthode, les uns d'une façon les autres d'une autre, et tout cela passoit pour bon ou du moins pour supportable. Il n'en est plus de même à présent, il n'y a qu'une seule méthode qui est la bonne et qui consiste dans la prononciation et le grand goût du chant. »

Dans les traités de chant, il n'est question que

---

(1) Roulades, fleurtis, etc.

de prononciation, tout ce qui concerne la pose de la voix étant laissé de côté. Voici par exemple les recettes de Bérard (1), qui mettent en évidence cette préoccupation essentielle du chant français, depuis le xvie siècle :

« C'est au caractère des paroles de décider l'usage qu'on doit faire des différentes sortes de prononciations : ce caractère est déterminé par la nature des objets que les paroles représentent : elles peuvent être signes d'objets sérieux, terribles ou tristes, d'objets frivoles, aimables, gais ou indifférens, d'objets qui deviennent, par exemple, plus tristes ou plus gais par degrés, d'objets terribles qui succedent à des objets aimables : les paroles peuvent exprimer des objets analogues entr'eux, des objets qui ont les airs des objets opposés. Dans toutes ces suppositions différentes, la prononciation doit varier.

« Il faut que la prononciation soit dure et obscure lorsque les paroles représentent des bruits terribles : on ne sçauroit appuyer trop fortement sur la prononciation, et lui donner trop d'obscurité dans cet endroit de la Cantate de Circé (2), où le poëte peint les effroyables effets des enchantemens de cette célèbre magicienne.

La terre tremblante, etc.

---

(1) 1755.
(2) De Colin de Blamont.

« On doit imprimer un caractère de dureté et d'obscurité à la prononciation dans tous les endroits sérieux, et toutes les fois que les paroles expriment des passions terribles ; comme quand il est question de discours d'un grand prêtre, d'oracles d'une divinité, de jalousie d'un Cyclope, du désespoir d'Armide, du courroux de Neptune, de la fureur des démons dans Castor et Pollux :

> Brisons tous nos fers, etc.

« La prononciation doit être extrêmement obscure, c'est-à-dire étouffée dans le pathétique larmoyant, comme dans ces vers tirés du commencement de la Cantate de Circé : cette princesse tient les yeux fixés sur les flots, elle croit voir encore la trace du vaisseau d'Ulysse qui la fuit : elle fait parler ainsi sa douleur et son amour à ce volage héros :

> Cruel auteur des troubles de mon âme, etc.

« Des paroles destinées à peindre des bruits gracieux, comme le murmure d'un ruisseau, ou le chant des oiseaux, etc., doivent être prononcées d'une manière douce et claire. On ne sçauroit rendre avec trop de douceur et de clarté dans la prononciation les vers de la Cantate de Céphale (1),

---

(1) De Baptistin.

que l'Aurore après avoir surpris son amant dans les bras du sommeil, adresse aux ruisseaux, aux oiseaux, et aux zéphirs.

> Vous qui parcourés cette plaine, etc.

« Il faut prononcer avec douceur et clarté les paroles qui expriment les passions tranquilles, tendres et aimables : c'est pourquoi les ariettes, les brunettes, et les vaudevilles, et tous les morceaux badins, tendres et galans ressortent du domaine de la prononciation douce et claire. Elle doit avoir sur-tout lieu dans les vers que Renaud (1) chante à Armide dans la première scène du Ve acte : cette princesse veut s'éloigner pour quelques instans, afin d'aller prévenir les malheurs qu'elle appréhende ; elle fait part à son amant des sujets de ses frayeurs. Elle lui dit qu'elle craint que la gloire et le devoir ne viennent traverser leurs amours : celui-ci répond tendrement :

J'en suis plus amoureux, plus la raison m'éclaire, etc.

« Les paroles qui n'ont point de caractère marqué, c'est-à-dire qui signifient des choses indifférentes, n'exigent qu'une prononciation naturelle : cette règle s'étend à presque tous les vers destinés

---

(1) Dans l'opéra de Lully.

à préparer les scènes, ou à les lier entr'elles, comme ceux-ci de l'Opéra de Cadmus :

> Cadmus veut essayer de rendre Mars propice,
> C'est ici, qu'il prétend offrir un sacrifice.

« Quand les paroles représentent des divers degrés d'accroissement d'une passion, la prononciation doit devenir plus dure, ou plus douce, plus obscure, ou plus claire par degrés : quand elles expriment le passage d'une passion à une autre opposée, comme de la tristesse à la joye, une prononciation douce et claire doit succéder à une prononciation dure et obscure : quand les paroles peignent le passage d'une passion à une autre passion analogue, par exemple de l'amitié à l'amour, on doit adoucir et éclaircir par degrés presqu'insensibles la prononciation : quand elles représentent une passion qui a les airs d'une autre passion, comme un espoir inquiet, il doit regner dans la prononciation un certain mélange de dureté, et de douceur, d'obscurité, et de clarté.

« Une personne éclairée saisit toutes ces nuances, ces différences, et ces gradations, et elle les fait sentir dans la prononciation, tandis qu'elles échappent à un chanteur médiocre. »

Bérard ajoute à ces recettes de curieux détails d'interprétation :

« Sons majestueux. Rendés l'air intérieur de

manière que sa force croisse successivement pour chaque son ; ménagés certains degrés d'obscurité et de lenteur dans votre prononciation et votre articulation. Exemple : monologue des Fêtes de Thalie, *Théâtre de ma gloire ;* Elémens : *Les tems sont arrivés.*

« Sons violens. Il faut faire sortir avec une extrême rapidité l'air intérieur, prononcer d'une manière dure et obscure et doubler assés fortement les lettres. Exemple : Atis : *Ciel, quelle vapeur.*

« Sons étouffés. On doit expirer quelque tems pour chaque son, prononcer avec obscurité et doubler mollement les lettres. Exemples : Castor et Pollux : *Tristes apprêts ;* Tancrède : *Sombres forêts ;* Dardanus : *Lieux funestes ;* Jephté : *Mes yeux, éteignez.*

« *Sons entrecoupés.* Suspendre son expiration à la fin de chaque son ; il faut de plus que la prononciation soit dure et obscure, et qu'on retienne très fortement les lettres. Exemple : Armide : *Plus on connaît l'amour.*

« Sons tendres. Ayez soin d'insister sur les sons, de faire sortir l'air des poumons en petit volume, de répendre bien de la douceur et de la clarté dans votre prononciation, et de doubler mollement les lettres. Exemples : Fêtes grecques et romaines : *Dans ces jardins charmans ;* Eglé : *Paisible bois ;* Scanderberg : *Que ce jour est charmant ;* Provençale : *Mer paisible.*

« Sons légers. Il faut chasser l'air intérieur en petit volume, expirer peu de temps pour les divers sons, et préparer très faiblement les lettres. Exemples : Talents lyriques : *L'Objet qui règne ;* Amours des Dieux : *De deux amans heureux ;* Polidor : *Du plus charmant espoir ;* Ragonde : *Amour chéri ;* Tithon et l'Aurore : *Du Dieu des cœurs* — maniérés un peu vos sons, et la prononciation claire. Au passage : *Quand le Maître des Dieux s'annonce sur la terre,* employés les sons violens, la prononciation dure et obscure.

« Sons maniérés. Expirés peu de temps sur chaque son et rendés l'air en petit volume. Que votre prononciation soit marquée au coin d'une douceur et d'une clarté extrême, et préparés faiblement les lettres. Exemples : Tithon et l'Aurore : *Votre sœur aimable ;* Vaudeville : *A Colin je seray cruelle* (1). »

Bérard livre ensuite le secret de la pierre philosophale :

« Les personnes émues par quelque passion, doublent, ou ce qui est le même, préparent ou retiennent ordinairement les lettres dans l'articulation, soit que le sentiment veüille se peindre non seulement dans chaque mot, dans chaque syllabe, mais

---

(1) Dans le même genre, Choquel fait remarquer que l'air du Devin du village : *L'Amour croît, s'il s'inquiète,* exige d'articuler les croches séparément et également sans les pointer ; « cette articulation détachée est absolument nécessaire pour rendre cet air dans son vrai goût ».

encore dans chaque lettre : soit qu'il regne alors un certain trouble dans les organes... Les lettres seront alors doublées fortement : dans les passions tranquilles, il ne règne que peu de trouble dans nos organes... Les lettres seront doublées foiblement. De ces principes on peut déduire cette règle :

« *On doit doubler les lettres dans tous les endroits marqués au coin de la passion.*

« On ne sçauroit trop, s'attacher à doubler fortement les lettres et à prononcer avec beaucoup de dureté et d'obscurité les vers d'Armide :

Plus on connoît l'amour, et plus on le déteste
Détruisons son pouvoir funeste
Rompons ses nœuds, déchirons son bandeau
Brulons ses traits, éteignons son flambeau.

« Il faut doubler les lettres foiblement, et ne se permettre qu'une prononciation douce et claire dans les vers que l'amour adresse à Psyché :

J'éprouve comme vous un embarras extrême, etc.

De même dans les Fêtes de l'Hymen :

Ma bergère fuyoit l'amour, etc.

« Je viens de mettre dans les mains des maîtres de chant des moyens d'animer les sujets les plus insensibles, et de faire passer dans la bouche de ceux-ci des sentiments qui ne sçauroient être dans leur cœur... Il est étonnant qu'à Rome ou à Athènes (1), où l'éloquence présidoit aux affaires particulières et publiques... on n'ait point connu l'art de doubler les lettres, art qui est l'ame de la déclamation ainsi que du chant (2).

En 1766, Lacassagne répète les mêmes consignes : « On se bornera à bien recommander l'étude de l'articulation et de la prononciation de notre langue au moyen des bons livres qui traitent de ce sujet ; et on observera que l'un et l'autre doivent être plus marquées dans le chant que dans le discours ordinaire ; mais toujours à raison du lieu où l'on chante, c'est-à-dire, beaucoup moins dans le cercle d'une société que sur le théâtre. Enfin pour bien chanter on ne craint pas de dire qu'il faudroit savoir bien déclamer, puisque le chant n'est qu'une déclamation mélodieuse que l'harmonie acheve d'embellir. On remarquera aussi que les bons musi-

---

(1) En passant, Bérard fait remarquer qu'il ne subsiste aucun traité de chant grec ou latin.
(2) Bien entendu, l'excès en tout est un défaut, et Villeneuve (1756) observe qu' « il n'y peut-être pas un acteur à l'Opéra de Paris qui ne tombe plus ou moins dans le défaut de doubler une infinité de lettres :

    Suivvons l'ammour c'est llui qui noummène
    Touddoissentir sonnaimmable ardeur...

ciens n'ont pas plus besoin de signes d'expression pour bien exécuter la musique, qu'un bon acteur pour bien jouer un rôle, etc. Celui-ci observera naturellement tous les à propos de l'aspiration et de l'expiration, d'où dépendent le TON et le SON qui conviennent essentiellement à chaque objet, et qui par-là forment les agrémens de la déclamation. Mais l'autre, en suivant les mêmes principes, doit l'emporter par les charmes de la musique. »

Et en 1769 Lécuyer, après avoir recommandé de bien articuler et de doubler les consonnes, renvoie à la grammaire et au traité de prosodie d'Olivet, et sermonne « les jeunes compositeurs que le mauvais exemple entraîne à négliger la prosodie, la quantité et à multiplier les agréments sans raison (1) ».

(1) Bacilly donne les règles de la quantité française : tout monosyllabe qui a un s, x, z, n, m, est long : mois, an, champ, etc., tout monosyllabe qui sert de rime, de césure, de point d'arrêt du sens, peut être long. La pénultième d'un mot féminin est longue. La quantité des mots masculins est fort difficile à déterminer : c'est souvent le goût qui en décide. Bacilly consacre plusieurs longs chapitres à l'étude de ces questions épineuses, dont l'importance n'est pourtant pas telle, que les quelques notions ci-dessus, aidées d'un peu de discernement, ne puissent suffire dans la plupart des cas.

David remarque qu' « il se trouve souvent, dans une infinité de livres imprimés, des notes... dont la durée est trop longue pour une syllabe qui doit être brève ; il faut pour lors donner plus de valeur à la première note de même que si elle était pointée, et rendre la seconde à une valeur qui puisse faire valoir la syllabe brève. C'est un moyen absolument nécessaire pour assurer la quantité des mots ». Toutes ces précautions confirment la primauté du texte littéraire, dans l'ancienne musique française : Bacilly résume ainsi l'opinion de son temps : « pour un bon Air, il ne suffit pas que le chant soit beau, mais encore que les Parolles soient belles ou du moins passables

Boyé (1779) confirme la théorie : « Un véritable acteur (1) qui doit remplir un rôle musical ne manque pas d'appercevoir que s'il ne chantoit positivement que ce qui est marqué sur le papier, les auditeurs ne se contenteroient guères d'une manière si puérile et si éloignée du sens des paroles : il voit que chaque phrase de chant, chaque intonation, chaque note, sont autant d'entraves pour lui (2).

« Heureusement que toutes les ressources ne lui sont pas otées : il peut malgré cela modifier le timbre de sa voix, il fait entendre des sons plus ou moins lugubres, plus ou moins éclatans : il les voile, il les dilate : tantôt il les fait sortir avec force, tantôt il les affoiblit langoureusement. Enfin, il donne des sons mâles et assurés ; des sons troublés et entrecoupés. Il sait faire valoir tous les moyens de la prononciation : il s'attache surtout à l'articulation des consonnes : il double plus ou moins celle-ci, tandis qu'il appuie très peu sur celle-là ;

et sur tout qu'il n'y ait rien de choquant ; car enfin qui dit un Air dit un mariage d'un beau chant avec de belles Parolles ; c'est donc une erreur de dire qu'un Air est beau dont les Parolles ne valent rien ».

(1) On remarquera l'importance de l'art lyrique dans l'ancienne école française, dont le vrai centre a toujours été l'Opéra.

(2) Déjà Du Bos écrivait en 1732 : « Le bon acteur qui sent l'esprit de ce qu'il chante, presse ou bien rallentit à propos quelques notes, il emprunte de l'un pour prêter à l'autre, il fait sortir de même ou bien il retient sa voix, il appuie sur certains endroits, enfin il fait plusieurs choses propres à donner plus d'expression et plus d'agrément à son chant... Chaque acteur supplée de son fonds à ce qui n'a point pû s'écrire en notes, et il le supplée à proportion de sa capacité. »

le tout selon le genre et le degré des passions qui l'animent.

« C'est, dis-je, par le concours de toutes ces choses qu'un acteur lyrique parvient à intéresser ceux qui l'écoutent : qu'il partage la gloire du compositeur, que souvent il la lui ravit entièrement.

« Il la partage lorsque la mélodie s'accorde aux paroles... ainsi que dans ce passage de M. Grétri, dans Zémire et Azor : *Ah! laissez-moi, laissez-moi donc pleurer !*

« Il la ravit lorsque cette convenance est entièrement négligée, ainsi que dans la première reprise de cet air de M. Gluck :

> *J'ai perdu mon Euridice,*
> *Rien n'égale mon malheur ;*
> *Sort cruel, quelle rigueur !*
> *Rien n'égale mon malheur* (bis).

« Le style du chant a été trouvé si gai, qu'on en a fait une fort jolie contredanse : effectivement, les paroles qui suivent conviendroient beaucoup mieux :

> *J'ai trouvé mon Euridice*
> *Rien n'égale mon bonheur !*
> *Quels momens ! Quels transports !*
> *Rien n'égale mon bonheur* (bis).

« Cependant lorsque M. Le Gros exécute ce morceau, tel qu'il est dans l'opéra... il a l'habileté d'en corriger les défauts par des sons si pathétiques, que les larmes coulent, que les cœurs se fondent à l'affreuse situation qu'il feint d'éprouver. »

★

Seul, Rameau (1) fait connaître le détail du travail vocal, qui consiste en une étude de sons filés, avec diverses nuances, de manière à gagner progressivement par demi-tons quelques degrés vers l'aigu et le grave. Il souligne l'importance de la souplesse : « Il faut se tenir avec grâce et sans gêne, se bien examiner, sentir une grande aisance dans toutes les parties du corps, prendre la peine, en un mot, de n'en point prendre... De cette grande liberté que je recommande, suivent toutes les perfections nécessaires, la grace sur-tout : si l'acteur est capable de sentiment, il le rend pour lors dans toute son énergie ; son geste coule de source, et jusqu'à l'air du visage, tout s'en ressent ; nature seule opère en lui, et l'art se trouve caché par le seul art de ne se point contraindre. Examinons-nous donc bien, car on se gêne souvent sans le croire ; principe général pour tous les arts d'exercice. »

Un manuscrit anonyme de cette époque corrobore le point de vue de Rameau : « Le défaut de

(1) Dans son *Code de Musique*.

souplesse est occasionné par une infinité d'accidens simplement sensibles, ou sensibles et visibles en même tems ; par exemple, celui qui chevrotte une cadence en chantant, doit sentir qu'il force le vent, et qu'il serre le fond de la bouche, je veux dire, la glotte ; on le sent et on le voit de plus dans la main et dans les doigts, lorsqu'on bat de même en chevrottant cette cadence sur un instrument : mais bien plus, une grimace, une contrainte dans quelque partie du corps que ce soit, une main trop serrée, trop ouverte, des doigts trop pressés, trop écartés, trop allongés, trop courbés, le corps déplacé, un mouvement involontaire, enfin mille moyens s'offrent pour faire sentir et appercevoir qu'on n'est pas encore au point désiré pour le bon exercice de la voix comme de l'instrument, et de pareils indices doivent engager à se rechercher jusqu'à ce qu'ils ne se représentent plus. On doit aller juger par là combien la bonne grâce inflüe dans la parfaite exécution, aussi en est-elle inséparable. Tout doit également y concourir, la perfection l'occasionne, le moindre vice la détruit (1). »

Le texte suivant, de Framery, montrera que l'idéal du xviiie siècle ne différait guère du nôtre :

« Prenons pour exemple ce trait si simple et si touchant de Didon :

---

(1) Ms. fr., n. a. 6356. Remarquer que le passage s'applique aussi à la technique instrumentale.

« Qu'il soit chanté par une actrice ordinaire, dont la voix soit juste et jolie, mais qui ne trouve pas dans son âme le secret d'une *déclamation* pathétique, nous serons émus sans doute… mais cette émotion sera légère, si la jolie voix ne fait que chanter…

« Qu'une véritable actrice, qu'une Sainte-Huberti vienne ensuite réciter ces deux mêmes vers, notre émotion sera profonde, nos larmes couleront en abondance. Qu'aura-t-elle donc fait pour produire, avec les mêmes moyens apparens, une impression si différente ? Elle n'aura pas changé une seule note, mais elle les aura fait toutes disparaître sous l'accent d'une *déclamation*, d'autant plus déchirante qu'elle est simple et vraie comme les vers qu'elle exprime, et comme le sentiment renfermé dans ces vers. En prononçant *ma sœur* elle saura donner à ce nom si doux l'accent et l'expression de la nature : la rapidité presque inarticulée qu'elle mettra dans ces deux mots : *embrassez-moi* fera sentir l'effort qu'elle fait sur elle-même, et tout ce qu'a de doux et d'amer pour elle cet embrassement qui sera le dernier. *Je vais trouver enfin*, continue-t-elle ; et dans ces paroles, elle met une nuance de résolution et de courage ; mais comment rendre la manière dont elle exprime le *repos* qu'elle veut paroître espérer ? ou plus tôt, comment ne pas entendre que ce repos funeste est celui de la mort ? Enfin sa voix s'élevant avec peine, et retombant tout-à-coup sur ces mots : *après tant d'alarmes*, nous dit que son âme est affaissée sous le poids de ses maux, et ramène pour ainsi dire nos pensées sur tout ce qu'elle a souffert. »

LES INSTRUMENTS A ARCHET

A partir de Lully la technique du violon a fait des progrès dont on suit la trace en consultant les œuvres et les traités d'enseignement (1).

En ce qui concerne la main gauche, on voit que les exécutants de ce temps disposent des mêmes moyens que nous : de bonne heure les sept positions — plus la demi-position appelée position du sillet — sont parfaitement décrites, ainsi que les gammes et les arpèges les plus hardis ; Corrette

---

(1) Traités de : Brossard (1711), Montéclair (1712), Dupont (1718); Corrette, *École d'Orphée* (1738), Labbé (1761), Brijon *Réflexions...* (1763), Tarade (1774), Brijon *L'Apollon moderne* (1782), Corrette, *L'Art de se perfectionner dans le violon* (1782), Bornet (1788), Durieu (1796), Bailleux (1798), Cartier (1798).

indique déjà le doigté uniforme 123-123 pour monter et descendre la gamme sur la chanterelle. Les doubles-cordes de toute nature, et spécialement les trilles si épineux en tierces, sont d'usage courant. Les harmoniques sont utilisées systématiquement dès Mondonville (1735). Le vibrato, déjà décrit par le P. Mersenne (1) est constamment mentionné au cours du XVIIIe siècle et recommandé pour vivifier les notes longues.

L'exemplaire de *L'Art de se perfectionner dans le violon* appartenant à la Bibliothèque du Conservatoire de Paris, contient des notes manuscrites de l'époque, reproduisant les conseils donnés par les meilleurs professeurs du temps : « Passer sans paresse d'une position à l'autre plutôt que de jouer à vide ou d'une manière forcée. Jouer à la deuxième position quand les notes ne dépassent pas l'ut, etc. » Ce sont des préceptes qui témoignent d'une excellente technique, confirmée par ailleurs par l'usage fréquent des roulades prestissimo, des échos faits sur la corde *la* d'une phrase exécutée sur le *mi*, et l'emploi courant de la *scordatura*, avec les complications de lecture et de doigté qu'elle entraîne (2).

---

(1) « Digitus saepe vibrandus est in scapo vt concentu suo rapiat aures et animum », il faut souvent vibrer pour charmer (1648).
(2) Les quelques doigtés qu'on rencontre sur les anciennes éditions sont conformes aux nôtres.

★

C'est la conduite de l'archet qui caractérise l'école française du violon ; elle repose sur la fameuse règle du tiré, déjà notée comme une tradition par le P. Mersenne, et qui aujourd'hui encore est en vigueur : « Songez à tirer la première note de chaque mesure. » (Dupont.)

Montéclair fournit l'exemple classique :

La manière inférieure est « plus généralement receüe des habiles gens ».

Muffat, qui avait étudié avec Lully, pendant six ans, le « style à la française » donne le même exemple dans son second Florilège (1698) ; il ajoute : « Ceux qui suivent la méthode de M. Battiste ont une même manière de manier l'archelet aux principales notes de la mesure. » Il montre ensuite d'instructives différences entre les coups d'archet italiens (1) et français ; coups d'archet du menuet, italiens (au-dessus), français (au-dessous).

---

(1) Les Italiens tiraient et poussaient sans s'inquiéter du premier temps.

Italiens :

Français.

Dupont donne en détail les principes du coup d'archet. Les voici résumés en quelques schémas (adoptés par tous les auteurs du XVIIIe siècle) et présentés dans la mesure à 3 temps :

Ceci posé, on applique ces manières de faire aux diverses danses (1) et on obtient le coup d'archet du menuet, de la sarabande, etc. Voici, à titre de renseignement les coups d'archet de la bourrée :

et de la gigue :

Les minutieuses explications de Brijon, en 1763, montrent que rien n'a changé : la première note qui suit la barre de mesure se fait en tirant (2) ; on tire les longues, on pousse les brèves (3). « Le coup d'archet tiré annonce et fait connaître la mesure, et le commencement de chaque phrase ; le coup

---

(1) La question était importante : de Pures (1668) dit en effet qu'un coup d'archet de travers peut précipiter le danseur « hors de cadence ».

(2) Toutefois « dans les noires continues qui sont dans la mesure à 3 temps, la première noire de la seconde mesure est poussée par la conduite ordinaire de l'archet, il faut la faire telle qu'elle se rencontre ». Ici apparaît l'influence de l'école italienne qui deviendra prépondérante à la fin du siècle. Constatons cependant que la règle de pousser la dernière note de la mesure, et de tirer la première note de la mesure sont encore en vigueur.

(3) Contrairement à l'usage actuel. Tarade spécifie que si on ne tire pas la longue, « on ne peut donner aucun caractère aux morceaux qu'on exécute ».

d'archet poussé marque le dernier temps ou la dernière note de la mesure en 2 ou 4 temps. »

« Les silences (et les points) représentent des notes de même valeur. L'archet doit supposer les avoir faites, et exécuter les notes qui les suivent du même coup d'archet, qu'elles auroient dû avoir, si l'on eût fait une note à la place de chaque soupir. »

Exemple :

Le demi-soupir et le point représentant une note tirée ; donc les *do* sont en poussant.

La règle du tiré impose de petites respirations absolument nécessaires ; il faut la connaître pour ne pas s'exposer à commettre certains contresens de phrasé.

La *division de l'archet* était déterminée : « La pointe sert dans les vivacités (1), le milieu dans la force, et le talon dans le caractère de grande force et le pointé (2). La totalité s'emploie dans les notes de grande valeur, les beaux sons, et les sons filés (3). »

Il n'est pas inutile de rappeler ici une définition : « *Staccato* ou *Spiccato* veut dire que les coups d'ar-

---

(1) Corrette fait remarquer que les croches et doubles-croches se jouent à la pointe.
(2) V. les *Notes inégales*.
(3) Tarade.

chet du violon, de la viole, du violoncelle doivent être joués secs, sans traîner, et bien détachez (1). » Durieu ajoute : « Et à petit coup d'archet. » Ceci montre que le jeu à petit archet, contrairement à une opinion beaucoup trop répandue de nos jours, n'était pas habituellement pratiqué. Corrette explique que dans les mouvements lents (sarabandes, largos, etc.), il faut faire les rondes, blanches, noires avec de grands coups d'archets, et enfler les notes les plus longues vers la fin, excepté si elles terminent la phrase ; dans ce cas on file le son (cresc. dim.) : « Ce coup d'archet produit un très bel effet. » Le même auteur spécifie : « Il faut que l'archet ne quitte les cordes que quand cela sera nécessaire, soit pour sauter une corde, soit pour détacher les notes quand les circonstances l'exigent. » C'est notre *archet à la corde*...

Par ailleurs les staccatos de toute espèce et la *variété d'archet*, tant sur des traits ordinaires que sur des triples ou quadruples cordes en arpèges (effet dont on était très friand) étaient d'usage courant, bien qu'on ne trouve, dans les éditions anciennes, que peu d'indications de coups d'archet. On s'en plaignait déjà à l'époque : « Les compositeurs sont trop négligents à l'égard des liaisons et s'en fient trop à l'intelligence des exécutants (2). » On jouit donc d'une certaine latitude, et Monté-

---

(1) Corrette.
(2) Framery.

clair a soin d'en aviser : « Est-on obligé d'observer toutes les règles du coup d'archet ? Ouy, lorsqu'on aprend, parce que cela vous facilite de trouver le goût des airs, mais quand l'on sçait, l'on prend t'elle lissence et libertez que l'on juge apropos. »

L'archet — cette « âme du violon » (1) — est donc capable d'exprimer tous les sentiments. Muffat disait déjà que le jeu lulliste se distingue par « une admirable égalité de mesure, une tendre douceur alliées à la vivacité », et Brijon, en 1763, note que « l'archet des François est varié, aisé, détaché, seul moyen d'éviter la monotonie ». L'interprète moderne peut user de toute sa virtuosité pour exécuter les œuvres des anciens maîtres, qui pratiquaient déjà la plupart des procédés de la technique actuelle — beaucoup plus vieille qu'on ne le croit.

★

La simple mention du nom de Duport (1749-1817) prouve que la technique du violoncelle a atteint très rapidement un haut degré de perfection. Or Corrette, en 1741, donne les informations suivantes : « Depuis environ vingt-cinq ou trente ans, on a quitté la grosse basse de violon pour le

(1) Labbé, Tarade.

violoncelle des Italiens, inventé par Bononcini (1), présentement maître de chapelle du roi de Portugal, son accord est d'un ton plus haut que l'ancienne basse (si b, fa, do, sol)... Quoy que la plus part des autheurs de sonates et de cantates du commencement de ce siècle ayent composé les basses pour les violes (car avant que le violoncelle fût inventé, les grosses basses ne joüoient guere que dans les musiques à grand chœur) cela n'empêche cependant pas que le violoncelle ne les joue avec applaudissement ; ce qui ne sert pas peu à diminuer le succès de la viole. »

Au point de vue de la conduite de l'archet, la règle du tiré, et toutes les subtilités qu'elle entraînait à sa suite, étaient en vigueur. Toutefois Corrette n'insiste pas : « Il ne faut pas être esclave des coups d'archet, pourvu que l'on observe bien les longues et les brèves ; il importe peu à celui qui écoute comment se fait tel coup d'archet ; j'ay même entendu des Italiens qui jouoient comme les coups d'archet se trouvoient. »

Le staccato, la *variété d'archet*, les procédés d'exécution des notes pointées et inégales sont semblables à ceux du violon : « Il faut tirer et pousser de grands coups d'archet fermes, et que le son soit net, » dit Corrette.

---

(1) Le violoncelle est bien plus ancien, puisqu'il est décrit, avec son accord actuel, dans le P. Mersenne (1636) mais il ne s'était pas intronisé en France.

★

Avant d'être remplacée par le violoncelle, la viole avait été l'objet d'un engouement extraordinaire : sous les doigts de maîtres comme Sainte-Colombe (1), les Marais, les Forqueray, cet instrument avait ravi, à raison, des générations d'auditeurs. « Le violoncelle dont on tire plus de son et plus de ressources dans les grands concerts l'a totalement écrasée, » dit Boisgelou en 1803.

Le violiste Rousseau donne pour la viole française (2) l'accord suivant :

Les violes formaient une famille dont les divers instruments ont été en usage au cours du XVIIIe siècle :

Accord du dessus de viole :

Accord du pardessus de viole :

---

(1) Qui avait ajouté la septième corde.
(2) En Italie et en Angleterre on usait d'accords différents.

à 6 cordes :

à 5 cordes ou quinton :

Le violiste Rousseau, dans son excellent traité (1687) donne les règles du coup d'archet, cette « âme de la viole ». Il faut savoir que l'archet de la viole se tient avec la main renversée ; par suite le sens du mouvement est inverse de celui du violoncelle : le tiré de ce dernier correspond invariablement au poussé de la viole. Ceci posé, les recettes sont les mêmes de part et d'autre. Toutefois Rousseau ajoute d'utiles précisions. Lorsqu'on a, par exemple une noire suivie de deux croches, ou une croche et deux doubles croches, si le mouvement est vif, au lieu de tirer deux fois les deux notes brèves, on les coule : « Cela est beaucoup plus facile à exécuter et plus agréable à l'oreille. »

« Dans les Pièces de Musique ou le mouvement est fort léger, on suit ordinairement le coup d'archet, quand on a observé les Règles en commençant ; car, au regard de ce qui peut arriver dans la suite, on n'observe point les Règles, à moins qu'on ne rencontre des Notes assez longues pour favoriser le coup d'archet. »

Au signe 3, lorsqu'on a des noires mêlées de blanches qui syncopent, on suit le coup d'archet sans s'inquiéter de pousser sur le premier temps. « Dans tous les Signes, quand on trouve une Noire ou Croche pointée en tirant, il faut tirer la suivante du mesme coup. »

« Au Signe de six pour huit, et dans tous les Mouvemens de Gigue, il faut suivre le coup d'archet, quoy que souvent les Notes pointées se trouvent en tirant.

« Il faut suivre le coup d'archet sur les Notes égales (1) mais particulièrement dans tous les mouvements vistes.

« Quand on trouve une Note sincopée en tirant, il faut tirer la suivante, du mesme coup, si ce n'est que cette suivante fût une seconde sincope ; car alors il faudroit suivre le coup d'archet. »

Brossard a soin de spécifier qu' « il ne doit point y auoir de vuide entre la fin d'un coup d'archet et le commencement du coup qui suit ». On retrouve encore l'*archet à la corde*.

---

(1) Suites de noires, de croches, etc.

LES INSTRUMENTS A CORDES PINCÉES

Accord du luth

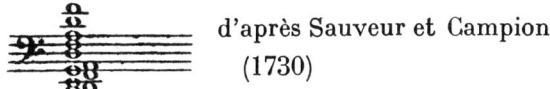
d'après Sauveur et Campion
(1730)

Ozanam dit que le luth a 9 couples de cordes et 2 cordes simples : la chanterelle et la seconde.

« Nous préférons en France le théorbe au luth pour l'accompagnement, parce que les dessus du luth surpassent souvent les sujets chanteurs (1). » En 1732, Titon du Tillet se plaint de la décadence de l'instrument : « La difficulté de bien jouer le luth, et son peu d'usage dans les concerts l'ont presque fait abandonner, et je ne crois pas que l'on trouve dans Paris plus de trois ou quatre vieillards vénérables qui jouent de cet instrument. »

★

Accord du théorbe

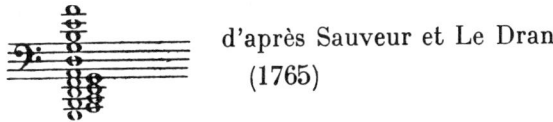
d'après Sauveur et Le Dran
(1765)

---

(1) Campion.

L'ancien théorbe, qui ne pouvait pas moduler a été modifiée par Maltot, théorbiste de l'Opéra, au commencement du xviiie siècle :

Sur le grand manche : sol, la, si, ut, ré, mi (qui peuvent être dièse ou bémol à volonté).

Sur le petit manche : fa, sol, la, ré, sol, si, mi, la ; fixes.

« Le Tuaurbe n'est propre qu'à accompagner une voix, ou qu'à joüer des Allemandes, des Sarabandes et autres pièces, où il y a plus de la majesté du chant que de la vigueur de la Dance. Il en est de mesme du Lut. L'un et l'autre sont trop graves. Ce sont des instrumens de repos destinez aux plaisirs sérieux et tranquiles, et dont la languissante harmonie est ennemie de toute action, et ne demande que des Auditeurs sédentaires (1). »

L'Encyclopédie est très explicite : « Le luth diffère peu du théorbe qui n'est à proprement parler qu'un luth à deux manches. C'est le théorbe qui depuis environ cent ans, a pris la place du luth, et qui dans les concerts fait la basse continue. On dit qu'il a été inventé en France par le sieur Hotteman et qu'il a passé de là en Italie. La seule différence qu'il y a entre le théorbe et le luth, c'est que le premier a huit grosses cordes plus longues du double que celles du luth : cette longueur considérable fait

(1) De Pures.

rendre à ces cordes un son si doux, et qu'elles soutiennent si longtemps, qu'il ne faut point s'étonner que plusieurs préfèrent le théorbe au clavessin même. Le théorbe a du-moins cet avantage, qu'on peut aisément changer de place. »

Le théorbe a été longtemps hautement apprécié des musiciens, et estimé à l'égal du clavecin : non seulement le théorbe réalisait fréquemment la basse chiffrée du temps de Lully, mais « nous voyons que les plus fameux auteurs de nôtre temps, comme l'illustre M. de Lully et quelques autres consultent le clavecin ou le théorbe pour composer, et pour mettre en exécution leurs plus belles pensées (1) ».

LE CLAVECIN

En dépit de quelques critiques, le clavecin était très estimé : « Entre tous les instrumens qui sont en usage aujourd'huy, il n'y en a point après l'Orgue de si parfait que le Clavecin, puisqu'il a plusieurs avantages qu'aucun autre n'a tout à la fois comme luy (2). » Et Couperin montre le point faible des clavecins : « Si le clavecin n'enfle point ses sons, il a d'autres avantages qui sont : la précision, la netteté, le brillant et l'étendue. » Vers 1760, Doin

(1) Boyvin.
(2) Saint-Lambert.

Caffiaux écrit dans son Histoire de la musique : « On a tant perfectionné cet instrument qu'il seroit difficile de lui ajouter de nouvelles perfections. »

Nemeitz (1) constate que « les instrumens auxquels on s'attachoit le plus en ce tems là à Paris sont le *clavessin* et la *flûte traversière* ou *allemande*. Les François joüent aujourd'hui (1727) de ces instrumens avec une délicatesse non pareille ». Daquin admire dans Duphly « beaucoup de légèreté dans le toucher, et une certaine mollesse qui, soutenue par des graces, rend à merveille le caractère de ses pièces. On connoît ses *tourterelles* qui affectent le cœur ».

Les traités du temps (2) donnent une idée très nette du jeu de clavecin : Rameau les résume tous : « Il faut prendre la peine de n'en point prendre... La souplesse recommandée doit s'étendre sur toutes les parties du corps ; une jambe roide, déplacée, des coudes serrés sur les côtes, qui s'en écartent, s'avancent ou se reculent, lorsqu'ils doivent y tomber nonchalamment, une grimace, enfin la moindre contrainte, tout empêche le succès des soins qu'on se donne pour la perfection qu'on cherche.

---

(1) *Séjour de Paris, c'est-à-dire Instructions fidèles pour les voyageurs de condition.* Leyde, 1727.
(2) *Principes de clavecin*, Saint-Lambert, 1702 ; *L'Art de toucher du clavecin*, Couperin, 1717 ; *Pièces de clavecin*, Rameau, 1744 ; *Le Maître de clavecin*, Corrette, 1753 ; *Les Amusemens du Parnasse*, Corrette ; *Règles de Duphli*, dans l'*Encyclopédie méthodique* (fin du xviiie siècle) et à la même époque la *Méthode* de Tapray.

« La main doit être de la dernière souplesse et le poignet toûjours flexible, pour que les doigts puissent tomber de leur propre mouvement en mourant, pour ainsi dire, sur les touches, sans jamais les quitter que pour les répéter, ou pour passer aux voisines du même mouvement et dans le même instant, sans interruption.

« Toujours sentir les doigts sur les touches, toujours la main sans roideur et le poignet flexible, c'est le moyen d'arriver promptement.

« Il faut regarder les doigts attachés à la main, comme des ressorts attachés à un manche par des charnières qui leur laissent une entière liberté ; d'où il suit que la main doit être, pour ainsi dire, morte, et le poignet dans la plus grande souplesse, pour que les doigts agissant de leur propre mouvement, puissent gagner de la force, de la légèreté, et de l'égalité entre eux (1). »

Il ne faut pas oublier que la question du toucher était d'ordre primordial : en tête de l'*Art de toucher du clavecin*, Couperin déclare : « J'y traite sur toutes choses du beau Toucher du Clavecin... La Douceur du Toucher dépend de tenir ses doigts le plus près des touches qu'il est possible. La façon de doigter sert beaucoup pour bien jouer. Il est sûr qu'un certain chant, qu'un certain passage étant fait

---

(1) Code de musique (1760).

d'une certaine façon, produit à l'oreille de la personne de goût un effet différent. » Les facteurs de clavecin vinrent en aide aux artistes : « Blanchet les surpassa tous par le son agréable de ses clavecins et principalement par la légèreté extrême de ses claviers, qui contribua beaucoup aux progrès de cet instrument en France (1). »

C'est au cours du xviiie siècle que le pouce, jusque-là exclu de la technique, a été employé. On montait et descendait couramment les gammes avec les doigtés 34 34 34, ou 23 23 23 (2). De même les tierces s'exécutaient volontiers avec le doigté $\frac{4}{2}$, $\frac{4}{2}$, $\frac{4}{2}$; mais Couperin indique les doigtés actuels. D'une manière générale, les doigtés sont les mêmes que ceux du piano, excepté un plus grand usage des doigtés de substitution et la particularité — assez analogue à la règle du tiré pour les instruments à archet — qui consiste à se servir plusieurs fois de suite du même doigt : exemple de Couperin :

---

(1) Framery.
(2) Au xixe siècle encore, le fameux Prudent (1817-1863) employait ces doigtés, avec une agilité et une égalité merveilleuses.

Couperin a mis lui-même des doigtés sur diverses pièces des *Premier* et *Second livres de pièces de clavecin* ; on pourra s'y reporter pour se rendre compte de la pratique du temps. On se convaincra que la technique, pour n'avoir pas revêtu les formes d'un Liszt ou d'un Chopin, n'en exigeait pas moins des exécutants d'une habileté consommée.

★

Depuis la Renaissance on s'occupait de l'accord tempéré du clavecin (1) ; Rameau le fit adopter (2) ; cependant en 1764 Béthizy regrette encore l'ancien accord, tout en reconnaissant sa tare capitale : « Dans cette manière, il y a entre les modes (3) une variété qui rend les uns gais et brillans, les autres tristes et sombres. D'autres sont trop altérés pour être supportés par une oreille délicate. »

(1) Et de l'accord exact des instruments à clavier. Le P. Mersenne reproduit les plans de claviers à 18, 26 et même 31 notes à l'octave. Encore en 1780, Laborde dessine des clavecins complets à 21 touches par octave. On pourrait faire entendre sur ces instruments l'intervalle *ré dièse mi bémol*. L'idée du piano à quarts de ton ne date donc pas d'aujourd'hui...
(2) On peut voir dans *La Musique à Lyon au XVIIIe siècle*, de Léon Vallas, une magnifique lettre de Rameau, qui donne une idée des difficultés auxquelles il se heurta.
(3) Tons.

L'ORGUE

La technique de l'orgue n'est traitée nulle part : l'orgue et le clavecin étaient joués par les mêmes artistes ; le répertoire était presque le même. Dans son catalogue, à la subdivision *Méthodes d'Orgue*, Boisgelou renvoi aux *Méthodes de Clavecin*.

Un vieux texte du P. Mersenne définit les caractéristiques de l'ancienne école d'orgue : « L'on peut remarquer qu'un organiste est d'autant plus excellent qu'il fait mieux entendre le plain-chant, ou le suiet, qu'il fait mieux chanter les autres parties du contre-point, et qu'il fait mieux les cadences. Quelques-vns font grand estat de ceux qui peuuent faire trois ou quatre cent mesures de bon contre-point figuré contre vn point d'orgue ; les autres de ceux qui ont vne grande vitesse et legereté de main, comme il arrive lorsqu'ils font trente-deux notes dans la mesure binaire, qui dure seulement vne seconde minute ; et les autres enfin de ceux qui font vn très-grand nombre de passages, de diminutions, et de variétés contre tel suiet qu'on leur puisse donner ; à quoi l'on peut adiouster que ceux qui ioüent d'vn beau mouvement et d'vne bonne grâce, et qui sont iustes à la mesure, sont les plus parfaits de tous, particulièrement s'ils ont tout ce qui a esté remarqué cy-dessus. » En d'autres termes, habileté d'improvisation — dont les thèmes sont fournis par le plain-chant — hardiesse dans le jeu, sont les qualités les plus prisées.

D'après Fontenai, d'Aquin avait « une précision inaltérable dans la plus grande rapidité du jeu. Ce qu'il a eu encore par-dessus tous les virtuoses, c'est l'égalité des deux mains. »

Burney note un détail intéressant : « J'ai remarqué qu'en France on fait peu d'usage de l'orgue, même les jours qu'on s'en sert le plus. Le serpent soutient les voix et leur sert d'appui... quoique ce jour fut une grande fête, l'orgue n'accompagna le chœur que très peu... le chœur exécuta plusieurs motifs que le serpent accompagna plus souvent que l'orgue (1). »

Dès le XVIIe siècle, des traditions s'étaient créées : « le *plein jeu du positif* se doit toucher vivement, le *récit* tendrement, la *tierce en taille* veut des langueurs (2) », etc. Les divers mélanges de jeu avaient un style et un mouvement propres ; comme ces manières de faire sont indiquées en tête des recueils d'orgue, il suffit de les mentionner ici à titre de renseignement.

(1) A Notre-Dame de Paris.
(2) Nivers.

L'ORCHESTRE

Il est indispensable à ceux qui veulent exécuter de nos jours les grands ensembles du XVIIIe siècle — opéras, motets ou concertos — d'avoir quelques précisions sur la composition des orchestres.

D'après le *Recueil d'Édits* paru en 1774, la Grande Bande se composait des 24 violons de la Chambre du Roi (6 dessus, 6 basses, 4 hautes contre, 4 tailles et 4 quintes — soit un quintette). La Petite Bande, due à Louis XIV, comprenait 16 violons. Ces bandes ne servaient qu'à la danse. Pour les concerts, il y avait le Corps de la Musique de la Chambre du Roi. La Petite Bande disparut au commencement du règne de Louis XV, la Grande en 1761.

En 1659, au ballet de la Raillerie, on comptait 10 violons, 8 hautbois ou flûtes. La Pastorale d'Issy comprenait une grande « symphonie » de clavecins, théorbes, violes et basses de violon.

En 1664, pour les Amours déguisés : 15 violons et 5 bois. En 1668 le Grand Divertissement se composait de 12 chanteurs, 38 archets, 8 bois, 7 « instruments d'harmonie » (clavecins, luths, théorbes).

Laborde donne l'état du personnel de l'Opéra en 1713 : chœurs : 24 hommes, 12 femmes. Orchestre : chef, petit chœur de 10 instruments, 12 violons,

8 basses, 2 quintes, 2 tailles, 3 hautes contre, 8 hautbois, flûtes ou bassons, 1 timbalier, le claveciniste. En tout 48 exécutants.

En 1719 : petit chœur : 2 violons, 2 basses de viole, 2 basses de violon, 2 flûtes, 2 théorbes, clavecin.

Grand chœur : 14 violons — dont un qui joue les timbales — 2 quintes de violon, 2 hautes contre, 2 tailles, 8 basses, 4 bassons (1).

En 1778 : chœur : 11 basses tailles, 8 hautes contre, 7 tailles, 24 dessus = 50 chanteurs. Orchestre : un directeur, un adjoint, 24 violons, 7 flûtes et hautbois, 2 clarinettes, 2 cors, 2 trompettes, 5 bassons, 6 altos, 10 basses, 4 contrebasses = 64. Les timbales, trombones, hautbois de forêt, etc., sont joués par un des 64 musiciens (2).

Le personnel ne cessa d'augmenter : en 1789 il y avait 55 choristes (27 hommes et 28 femmes) et 75 symphonistes.

Laujon nous fournit la composition de l'orchestre de la « Troupe des petits cabinets » en 1747 : clavecin, 7 violoncelles, 3 bassons, 2 hautbois, 2 violes, 5 premiers violons, 5 seconds violons, trompette, cor de chasse. Dans les chœurs : 4 dessus dames, 4 dessus messieurs, 4 hautes contre, 4 tailles, 6 basses.

(1) Boindin.
(2) Laborde.

En 1754, il y avait au château de Fontainebleau 7 premiers dessus, 7 seconds dessus, 6 violoncelles, 4 bassons, 1 trompette, 1 timbalier, 1 clavecin, les 2 cors de chasse du duc de Villeroy (1).

Orchestre de la Pouplinière (2) : 1 violon solo, 2 premiers violons, 2 seconds violons, 1 flûte, 1 hautbois, 2 clarinettes, 1 basson, 2 harpes, 1 violoncelle, 1 contrebasse, 2 cors, 1 claveciniste.

Composition du concert spirituel (3).

En 1751 : chœurs : 6 premiers dessus (dont 4 hommes), 7 seconds dessus (dont 4 hommes), 6 hautes contre, 7 tailles, 5 basses tailles, 8 basses contre. Symphonie : 1 orgue, 16 violons, 6 basses, 2 contrebasses, 3 bassons, 5 flûtes et hautbois, 1 timbalier, 1 trompette, 2 cors.

En 1775 : chœurs : 44 chanteurs. Orchestre : 13 premiers violons, 11 seconds, 4 quintes, 10 basses, 4 contrebasses, 3 hautbois, 2 clarinettes, 4 bassons, 2 cors, 2 trompettes, timbales (99 exécutants).

En 1762, on imagina de supprimer le chef d'orchestre, conformément à la méthode italienne.

En ce qui concerne la musique religieuse voici les effectifs de la Chapelle du Roi à diverses dates :

En 1692 : 9 dessus de voix et 6 pages ; 13 hautes contre, 18 hautes tailles, 21 basses tailles, 8 basses

---

(1) Laborde.
(2) D'après Cucuel.
(3) D'après Michel Brenet.

chantantes et 3 basses jouant du serpent. — 4 dessus de violon, haute contre, taille, quinte, 2 basses de violon, 1 grosse basse de violon ou théorbe au besoin, 2 flûtes d'Allemagne, 2 bassons, 1 basse de cromorne. Et 4 maîtres battant la mesure (servant par trimestre).

En 1712 : 10 dessus de voix, 24 hautes contre, 20 tailles, 23 basses-tailles, 11 basses chantantes. — 6 dessus de violon, 3 parties d'accompagnement, 3 basses de violon, 2 flûtes, 2 serpents, 3 bassons.

En 1761 : 7 dessus italiens, 3 faussets, 6 pages, 11 hautes contre, 8 tailles, 9 basses tailles, 8 basses contre. — 17 violons, 4 quintes, 10 violoncelles, 3 contrebasses, 2 flûtes, 3 hautbois, 2 clarinettes, 2 cors, 4 bassons, 1 trompette et timbales. En 1773, la situation est la même ; mais en 1790, on n'a plus que :

2 dessus italiens, 2 faussets, 12 pages, 6 hautes contre, 6 tailles, 3 basses tailles, 8 basses contre. — 16 violons, 4 quintes, 6 violoncelles, 2 contrebasses, 2 hautbois, 2 clarinettes, 2 cors, 4 bassons, 1 trompette et timbales.

Les exécutions « monstres » ne datent pas d'aujourd'hui : « Le Te Deum de Lully fut exécuté par 300 musiciens à l'Oratoire de la rue Saint-Honoré (1). »

---

(1) De la Viéville de Freneuse (1705).

Il y a lieu de préciser l'opposition, bien oubliée aujourd'hui, mais caractéristique du XVIIIe siècle : le *Grand chœur* et le *Petit chœur* (1). Le Grand Chœur comporte le jeu de tous les instruments de l'orchestre, généralement dans la nuance F. Au contraire, pour accompagner les soli et faire les échos, on ne se sert que du Petit Chœur. L'Encyclopédie en donne d'excellentes définitions : « Le grand chœur est composé de huit basses qui sont en haut des deux côtés de l'orchestre (2). La contrebasse est du grand chœur, ainsi que les violons, les hautbois, les flûtes et les bassons. C'est l'orchestre entier qui le forme. On appelle *petit chœur*, dans l'orchestre de l'Opéra, un petit nombre des meilleurs instrumens de chaque genre, qui forme comme un orchestre particulier autour du clavecin et de celui qui bat la mesure. Il est destiné pour les accompagnemens qui demandent le plus de délicatesse et de précision. »

On remarquera, surtout au temps de Lully et au commencement du XVIIIe siècle, le nombre des parties accompagnantes : quintes, hautes contre, tailles. La plupart du temps ces parties de rem-

---

(1) Il ne faut jamais manquer d'observer cette division quand on joue des œuvres de cette époque : le jeu continu de tout l'orchestre eût paru alors grossier et barbare.

(2) Les partitions du temps. (pex. *Jephté* de Montéclair) portent sur la partie de basse des mentions qui confirment cette disposition : *côté gauche, côté droit, Basses et Bassons du côté droit, Basses et accompagnement du côté gauche,* etc.

plissage ne figuraient pas sur la partition, et le soin de les écrire était laissé aux copistes. La Vieville de Freneuse dit positivement : « Les secrétaires de Lulli faisoient les parties intermédiaires de ses œuvres (1) (1705). » Les quintes, hautes contres et tailles correspondaient à nos altos : la taille s'écrivait en clé d'ut troisième ligne — la haute contre et la quinte en clés d'ut seconde et première ligne ; vers 1750 Corrette écrit que « les hautes contre, la taille, et la quinte, distinguées dans Lully, sont confondues aujourd'hui ».

On voit, d'après ces données, combien la composition de nos orchestres modernes s'écarte de celle des ensembles du XVIIIe siècle. Les proportions actuelles (2) ne sont pas observées : les violoncelles représentent à peu près la moitié des violons, les altos, une toute petite minorité. On remarquera la forte proportion des instruments à anches — bassons et hautbois — presque égaux en nombre aux violoncelles. La sonorité est donc très différente de celle que nous avons l'habitude d'entendre

(1) Excepté cette particularité, propre à la période de Lully, la lecture de la partition ancienne n'offre aucune difficulté sérieuse à un musicien averti : les flûtes, hautbois, et violons sont écrits sur la même portée, ainsi que les violoncelles, contrebasses et bassons. Leurs entrées sont indiquées avec soin. De la sorte on peut condenser tout l'orchestre sur un très petit nombre de portées, d'une lecture fort aisée.
(2) Aujourd'hui les violoncelles forment à peu près le tiers des violons ; les violoncelles et contrebasses le tiers du quatuor, les instruments à vent le tiers des archets, les violoncelles et altos sont en nombre égal.

aujourd'hui, et c'est un point à ne pas négliger dans les auditions d'œuvres de cette époque.

Les chœurs n'ont pas non plus le même équilibre que de nos jours. De toute manière, on notera la prépondérance des basses, bien conforme aux habitudes du temps, quoiqu'elle nous paraisse parfois excessive ; il ne faudra jamais manquer de fournir cette partie — notamment en bassons — à l'occasion des exécutions de musique du XVIIIe siècle.

★

« Lully est le premier qui ait admis à l'Opéra, dans les Concerts des appartemens, et même dans la musique d'église, les Haut-bois, les Trompettes, et même les Tambours et les Timbales (1). » On sait par Corrette que Montéclair et Sagioni sont les premiers qui ont joué de la contrebasse à l'opéra ; cet instrument était inconnu du temps de Lully ; il n'a paru que bien longtemps après lui, dans les tempêtes, bruits souterrains, invocations. Au milieu du XVIIIe siècle il y en avait six qui jouaient tout, excepté le Récitatif.

Jusqu'au commencement du XVIIIe siècle, la basse était faite par des violes ; les violoncelles ne tardèrent pas à les supplanter. Il ne faut pas oublier

(1) Titon du Tillet.

que la basse — tout au moins dans ses principales notes — était doublée par un « instrument d'harmonie » ; c'est-à-dire capable de faire entendre une harmonie complète (luth, théorbe, clavecin, orgue) ce qui donne à l'orchestre ancien une physionomie toute spéciale. C'est à tout moment que la tierce d'un accord n'est représentée qu'au seul clavecin ou théorbe, collaborateur indispensable de toute exécution, même à grand chœur.

★

L'étendue et les ressources des instruments à vent n'ont pas sensiblement varié au cours du XVIIIe siècle. On sait que des flûtistes comme Blavet, des hautboïstes comme les Bessozzi, des bassonistes comme Ozy avaient porté la technique de leurs instruments à un très haut degré de perfection. Il est permis de penser que des exécutions comme celles qui avaient lieu chez La Pouplinière ou au concert spirituel étaient d'une haute tenue musicale : « rien de plus rare que cette expression nuancée, caractérisée et soutenue, qu'exige la perfection de l'art musical. On peut avancer sans trop de partialité que ce degré de perfection ne se trouve guère qu'en France. Il faut rendre justice aux musiciens français de premier ordre. Jamais l'art d'exécuter la musique ne fut porté aussi loin qu'ils le font aujourd'hui. Leur jeu est tour à tour fort et gracieux, brillant, varié, nuancé (1). »

★

« Ceux qui suivent la méthode de feu M. Battiste (2) comme font les François, les Anglois, ceux des Pays-Bas, et plusieurs autres, observent tous une même manière de manier l'archelet aux principales notes de la mesure », dit Muffat en 1698 ; il ajoute que Lully proscrivait le charivari habituel aux orchestres avant le commencement des morceaux : il exigeait que les instruments soient accordés avant l'arrivée des auditeurs ; les rectifications ultérieures devaient s'effectuer discrètement.

La tradition ne se maintint pas ; Brijon s'exclame : « Est-il rien de plus ridicule que de voir dans un concert plusieurs musiciens exécutant la même partie, avoir, l'un l'archet en haut, l'autre l'archet en bas ? L'exécution y perd nécessairement beaucoup quant à la grâce ; et ce qu'il y a de plus fâcheux, elle y perd encore davantage quant à l'énergie (3). » Et ailleurs : « Il y a une observation

(1) Brijon.
(2) Lully.
(3) Brijon note, comme Muffat, qu'en Italie et en Allemagne, le mélange simultané du tiré et du poussé à la même partie altère le rythme des danses.

particulière à faire pour la conduite de l'archet à l'égard des symphonies où plusieurs personnes exécutent sur chaque partie ; pour la vraie expression et pour l'exécution exacte, il faut que ceux qui jouent la même partie, observent le même coup d'archet, sans quoi l'union et l'ensemble seront toujours vicieux. »

D'autre part, voici les doléances de Bollioud de Mermet qui demande l'accord *à petit bruit ;* « Que dire de la longueur excessive du tems qu'ils employent à s'accorder entr'eux dans les concerts ? de ces préludes sans fin, ou les symphonistes, chacun sur un mode différent, fatiguent l'auditoire par leurs essais, et lui font acheter bien chèrement le plaisir qu'il attend (1) ? »

★

L'art du chef d'orchestre, dont Berlioz fera une magistrale synthèse dans son traité d'orchestration, était pratiqué, ainsi que l'atteste Chabanon en 1779 : « Voulez-vous sentir combien le geste et les mouvemens tiennent essentiellement à la mélodie ? Voyez un homme de génie faire exécuter sa musique à un grand orchestre. C'est par le geste et les mou-

---

(1) Le reproche est formulé aussi dans l'Encyclopédie. On sait que Hændel faisait accorder l'orchestre dans les coulisses.

vemens qu'il commande et manifeste ses intentions. Ici, les notes se lient, là, elles se détachent ; l'une moins appuyée mollit à côté de l'autre : toutes les recherches d'une exécution soignée s'indiquent par les mouvemens du compositeur.

« Le Baston de mesure est souvent un morceau de papier dont le maître de musique se sert pour conduire l'orchestre. A l'Opéra, c'est un morceau de bois, parce qu'il faut que les choristes et les danseurs puissent entendre la mesure (1). » L'encyclopédie note que « tout le monde est choqué à l'Opéra de Paris du bruit désagréable et continuel que fait avec son bâton celui qui bat la mesure ». A quoi Brijon riposte : « à l'égard de notre Opéra, où il s'agit de diriger d'un seul signe du baton de mesure plus de cent personnes, il est, et il sera (2) toujours impossible de supprimer cet usage. »

Le coloris instrumental était compris et pratiqué comme aujourd'hui, avec quelques différences : la flûte pouvait être associés aux sentiments tristes

(1) De Meude-Monpas.
(2) Brijon ne pouvait évidemment pas prévoir les transmissions modernes qui permettent au chef d'orchestre de manifester sa volonté dans le coin le plus reculé des coulisses ; les partisans de l'opéra italien, qui ne comportait que peu d'acteurs et peu d'instrumentistes, avaient en cela beau jeu contre l'opéra français.

ou lugubres : le violon et le hautbois (1) rivalisaient avec la trompette au point de vue guerrier. Il existait un véritable symbolisme orchestral (2), parfaitement compris de tous, et dont il est facile de retrouver la clé en parcourant quelques partitions du temps. Dans la préface des *Elémens*, Rebel y fait allusion : « Pour désigner chaque élément en particulier je me suis asservi aux conventions les plus reçües : La Basse exprime La Terre par des notes liées ensemble et qui se jouent par secousses ; Les Flûtes par des traits de chant qui montent et qui descendent imitent le cours et le murmure de L'eau ; L'air est peint par des tenües — suivies de cadences que forment les petites flûtes ; Enfin les Violons par des traits vifs et brillans représentent l'activité du feu (3). »

(1) Aux sons desquels on ouvrait la tranchée.
(2) Il y avait aussi un symbolisme rythmique ; par exemple le rythme croche pointée-double croche évoquait l'idée de la majesté, aussi bien à propos du Tout-Puissant, que de Jupiter ou d'un Monarque.
(3) On peut noter ici une invention originale de Rebel : pour donner une idée du chaos « j'ay hazardé de faire entendre d'abord tous les sons mêlés ensemble, ou plus tost toutes les notes de l'octave réunies dans un seul son ». En fait, voici le premier accord de la partition :

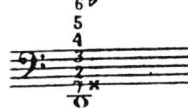

Cette agrégation n'est rien d'autre qu'un accord de septième diminuée avec deux *chutes* (v. p. 87). On voit que bien des dissonances modernes, parmi les plus osées, peuvent prouver leurs quartiers de noblesse. *Nil novi*...

★

Au contraire, en dehors de l'orchestre, on se montrait d'une tolérance singulière. Les idées actuelles sur la personnalité des timbres n'avaient pas cours dans la musique de chambre ancienne. C'est à tout moment qu'on trouve des titres comme le suivant : *Sonate pour deux flutes ou autres instrumens, Six Sonates pour deux bassons, violoncelles, ou violes, Concert pour les flutes, violons, ou hautbois*.

Cette pratique était si courante que les plus grands maîtres s'y conformaient : on lit dans l'avertissement des *Concerts Royaux* de Couperin : « Ces pièces conviennent non seulement au clavecin, mais aussy au violon, à la flute, au hautbois, à la viole et au basson. » Et Rameau lui-même exécute ses *Pièces en concert* « avec un violon ou flute et une viole ou deuxième violon ».

LES AGRÉMENTS

C'est aussi sur le chant que se règle l'ornementation du temps ; les témoignages sont innombrables. En voici quelques-uns : « Comme la voix pratique parfaitement les agréments, c'est sur ce modèle que les instruments se doivent conformer (1). »

« Ceux qui sans discrétion décrient les agremens et ornemens de la méthode françoise, comme s'ils offusquoient l'air ou l'harmonie, et ne consistoient qu'en de seuls tremblemens, n'ont certes guère bien examiné cette matière ou n'ont jamais entendu jouer de vrais élèves mais seulement peut-être de faux imitateurs de l'école de feu M. de Lully. Car au contraire ceux qui ont pénétré la nature et la diversité, la beauté et le sublime, le vray lieu et le légitime usage de ces ornemens tirez du plus pur de la belle méthode de chant, n'y ont rien remarqué jusqu'à ce jour qui mette le moindre obstacle à

---

(1) Le violiste Rousseau. Il s'ensuit que « les agréments de la vièle, du violon, ou de la flûte doivent être exprimés comme ceux du clavecin ». (Dupuits).

la distinction de la mélodie ou à la justesse de l'harmonie, mais au contraire, y ont trouvé en abondance tout ce qui est capable d'enrichir, d'adoucir, et de réveiller ce qui pourrait se trouver de simple, de rude, ou de langûissant (1). »

Voilà qui condamne formellement la tendance de certains modernes à supprimer les agréments, sous le fallacieux prétexte que si les anciens avaient eu à leur disposition les sonorités puissantes des instruments actuels, ils n'auraient pas eu besoin de renforcer la ligne mélodique par des ornements.

Mais le texte de Muffat est précieux à un autre titre : il attire l'attention sur le caractère expressif des agréments. Déjà Bacilly avait averti qu' « une pièce de chant peut être belle et ne plaira pas, faute d'être exécutée avec les ornemens nécessaires » (1679). Et Mangin, plus d'un siècle après, constate la persistance de la tradition : « Les agréments servent à donner au chant toute l'expression dont il est susceptible. »

Comme cette conception est complètement oubliée de nos jours, il n'est pas inutile de l'exposer avec quelques détails : « Les agréments sont dans le chant ce que les figures sont dans l'éloquence ; c'est par elles qu'un grand orateur remue à son gré les cœurs, les pousse là où il veut, et y jette suc-

---

(1) Muffat.

cessivement toutes les passions ; les agréments produisent les mêmes effets ; pour peu qu'on réfléchisse sur leurs qualités de force, d'énergie, de douceur, d'aménité et de tendresse, on sera forcé de convenir qu'ils sont très propres à affecter puissamment l'âme, et qu'ôter à la musique ces sortes d'ornements, ce serait lui ôter la plus belle partie de son être. J'appelle de la vérité des réflexions que je viens de faire au jugement du sens intime : les agrémens parfaitement exécutés ont dans la bouche de Mlles Le Maure et Fel et de M. Jéliotte un caractère singulier de mélodie et d'expression : l'oreille est délicieusement flattée, et le cœur violemment ému est entraîné dans des passions différentes, ou bien il passe à divers degrés de la même passion. Que ces mêmes ornements soient rendus par des artistes médiocres, l'oreille en est offensée, et le cœur n'en est point touché (1). »

Les auteurs qui parlent des agréments ne concordent qu'en deux points : l'importance assignée au tremblement et au port de voix. Par ailleurs, les uns comptent six agréments, d'autres dix,

---

(1) Blanchet. A la même époque l'auteur des *Observations sur la lettre de J.-J. Rousseau au sujet de la musique française* riposte : « La plupart des agrémens sont pris dans la nature. Il y a apparence que M. Rousseau n'a pas connu l'amour, et sur-tout l'amour heureux, cette passion eut adouci ses mœurs. Il est au moins à désirer pour nous qu'il devienne le témoin d'un entretien passionné. Il découvrira l'origine de nos ports de voix, de nos martellemens, et même des éclats qu'il appelle nos cris .»

d'autres encore dix-huit. Le chercheur est tout d'abord dérouté par la variété des noms et des signes ; mais si au lieu de se laisser distraire par les apparences, on s'attache au fond des choses, on s'aperçoit, en construisant des tableaux synoptiques, qu'en dépit des divergences superficielles, tout le monde est d'accord. L'unité de la tradition est attestée par les tables d'ornements, les descriptions, les exemples que des auteurs divers reproduisent à vingt et trente ans de distance (1) : ainsi Bailleux, en 1770, copie mot pour mot les *Principes de Musique* de Montéclair, parus en 1736. Il en est de même de Villeneuve (1733) qui reproduit L'Affilard (1705) — de l'anonyme de 1728, de Dupuit, 1741, et de Bouin (vers 1750) — de Bordier (1760) et de Durieu (1796). En ce qui concerne les clavecinistes et organistes, de Nivers à Foucquet (1665 à 1752), leurs tables d'agréments sont toutes pareilles, sauf celles de Couperin et de Rameau, qui se distinguent par leur importance et leur soin minutieux du détail. En 1786, Cléret, élève de Grétry, ne trouve rien de mieux à faire que de donner encore la table d'agréments de Rameau.

---

(1) On trouve çà et là des doléances sur les variations du goût ; en réalité il s'agit de l'enrichissement de l'art depuis Lully jusqu'à Glück, en passant par Rameau. A travers les fluctuations de la mode, la pratique musicale est restée tellement pareille que des auteurs donnent, vers 1790, les mêmes recettes qu'à la fin du xviie siècle.

Comme les agréments ne sont soumis à aucune classification, l'ordre dans lequel les auteurs les présentent est arbitraire. Il en sera de même ici.

LE TREMBLEMENT

C'est ce qu'on appelle aujourd'hui *trille* ou *cadence* : « de tous les agréments qui se pratiquent dans le chant, le tremblement tient le premier rang, en ce qu'il est le plus brillant, et qu'il se rencontre plus souvent que les autres (1) ».

Lorsqu'on lit les traités du XVIIIe siècle, on est submergé par un déluge d'appellations différentes, qui laissent le lecteur fort perplexe : flexion de voix, soupirs, cadence simple, appuyée, préparée, subite, jetée, brisée, feinte, coupée, en l'air, flatée, soutenue, ouverte, fermée, suspendue, coulée, molle, précipitée, etc. — tous termes dont les descriptions sont souvent contradictoires d'un auteur à l'autre. Mais, à l'examen, on s'aperçoit que cette diversité apparente se réduit à un petit nombre de types fixes, et le chaos finit par se débrouiller. Vague explique que « les termes de cadence coupée, double cadence coupée, double cadence battue, cadence appuyée battue et fermée, ne signifient

---

(1) Montéclair.

autre chose que les différents endroits où l'on met la cadence en usage, ou qu'elles ne diffèrent entre elles que du plus au moins ». En fait, les compositeurs avaient l'habitude d'utiliser des formules toutes faites, des agencements mélodiques traditionnels, auxquels les agréments s'adaptaient tout naturellement.

Tremblement avec appui ou préparé.

C'est par excellence la cadence conclusive de toutes les grandes divisions d'un morceau (1).

Exemple :

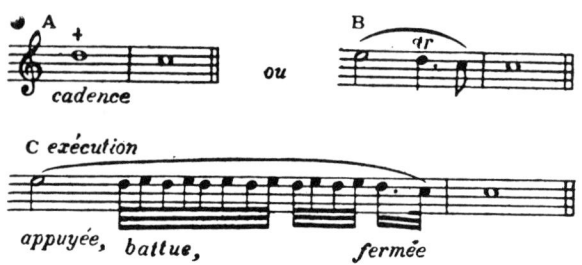

« Il y a trois choses à remarquer dans la cadence : la note qui la précède et qui souvent n'est pas marquée, mais seulement supposée, le battement du gosier qui est proprement la cadence, et la fin qui est une liaison qui se fait du tremblement avec la note sur laquelle on veut tomber... Il n'y a que les longues qui souffrent des cadences et tremble-

---

(1) On l'appelle aussi cadence *finale, achevée, parfaite, entière, pleine, soutenue.*

ments. On n'en fait pas sur les syllabes brèves (1). »

Si le tremblement a lieu sur une ronde ou sur une blanche, l'appui (2) prend la moitié de la valeur. Si c'est une blanche ou noire pointée, les avis sont partagés ; les uns préparent pendant le tiers de la valeur, les autres pendant deux tiers (3). Les clavecinistes font en général des appuis moindres : pour une blanche, ils font une préparation d'une croche ou d'une croche pointée.

Le tremblement peut être précédé du degré supérieur ; il y a alors deux cas à considérer : si ce degré est lié au tremblement, comme dans l'exemple B ci-dessus, le degré supérieur sert d'appui (4). S'il n'est pas lié, on le refrappe pour commencer le tremblement, dont l'appui peut être alors un peu écourté :

Exécution (5) :

---

(1) Bacilly.
(2) Ou *préparation*, ou *soutien*.
(3) C'est la manière de faire de Leclair, d'après Tarade.
(4) C'est le tremblement *lié* ou *coulé*.
(5) Exemple de Berthet, suivi par tous les auteurs.

Cadence détachée appuyée (1) :

Tremblement détaché (2) :

Dans leurs exemples, les auteurs marquent les battements du tremblement par des doubles ou des triples croches ; par là ils expriment que *le trille doit être serré*, comme on dit aujourd'hui. Cependant, en général, il vaut mieux faire des battements lents dans un mouvement lent, vifs dans un mouvement vif : « Dans les airs tendres et languissants il faut flater la cadence, et dans les airs gays il la faut animer », dit déjà le violiste Rousseau qui expose la pratique en vigueur.

Les battements des cadences de longue durée peuvent être égaux, ou croître insensiblement de vitesse. Voici par exemple un texte de Saint-Lambert : il faut « trembler le plus également et le plus promptement que l'on peut. Cependant si le tremblement doit être long, il est plus beau de le battre lentement d'abord, et de ne le presser qu'à la fin,

---

(1) Dom Bédos.
(2) Couperin.

mais quand il est court, il doit toujours être prompt ». Dom Bédos qui a enregistré sur une « serinette » (boîte à musique) une mélodie ornée et exécutée par Balbastre, note la cadence égale et la cadence « à progression », et fait la remarque que Balbastre, dans les exécutions préparatoires à l'inscription sur le rouleau de la mécanique, accélérait tantôt plus, tantôt moins les mêmes tremblements. Au point de vue statistique, le parti de la cadence égale compte la plupart des clavecinistes (1) — mais ses représentants se font de plus en plus rares à partir du milieu du XVIIIe siècle, tandis que les sectateurs de la cadence à progression forment une série ininterrompue jusqu'au XIXe siècle.

Certaines cadences « sanglotées » et expressives, qui se rencontrent dans les « airs de sentiment », s'exécutaient avec des battements d'abord « lourds et pointés », puis moins lourds et moins pointés, puis vifs et rapides, — la note pointée étant la note réelle. « On ne doit l'employer que pour peindre une vive douleur, l'abattement et la langueur (2). » C'est ce que d'autres appellent la cadence molle : « elle n'a point d'appui ; elle se bat lentement et mollement et doit mourir par gradation (3) ». Et

---

(1) Encore Couperin spécifie-t-il que les tremblements doivent commencer plus lentement qu'ils ne finissent. Mais Rameau est de l'avis contraire.
(2) Lécuyer.
(3) Métoyen.

Montéclair ajoute : « elle convient aux chants langoureux et plaintifs ».

Dans l'école française, le battement à la seconde augmentée, à la tierce ou à la quarte, est prohibé.

DOUBLÉ (OU TOUR DE GOSIER)

C'est une sorte de grupetto sans tremblement, comprenant presque toujours les trois notes d'une tierce mineure. C'est d'Anglebert qui l'aurait inventé, au dire de Saint-Lambert ; voici le type classique de cet agrément, toujours présenté au milieu de trois notes ascendantes :

(1)

Le signe ∾ peut être plus ou moins incliné, ou même vertical :

(2)

Les clavecinistes avaient adopté quelques formes particulières de cet agrément : ils les signalent très exactement dans leurs tables (3).

(1) D'Anglebert, Le Roux, Couperin, Rameau, Corrette, etc.
(2) L'Affilard, Villeneuve.
(3) Qui devraient toujours accompagner les rééditions de leurs œuvres.

DOUBLE CADENCE

De tous les tremblements anciens, c'est la double cadence qui ressemble le plus au trille moderne. Comme le doublé elle se fait toujours sur la note médiane d'une tierce ascendante, et elle offre la curieuse particularité d'être employée (1) chaque fois que se présente la formule suivante :

Les clavecinistes l'écrivent ainsi :

C'est un tremblement suivi d'un doublé ou d'un pincé. On le rencontre sous diverses formes :

(1) Même si elle n'est pas marquée.
(2) Battre la cadence avec le mi bémol.

La double cadence se fait sur une note longue en montant par degré conjoint, et sur les finales. Elle se place souvent sur des repos non caractérisés harmoniquement par une formule de cadence. Elle se prépare ou se jette (1) suivant les circonstances. Les deux notes terminales — ou tour de gosier — doivent être moelleuses et très délicates.

TERMINAISONS DES TREMBLEMENTS

La règle générale au sujet des *fermetures* de cadences est ainsi donnée par Montéclair : « On termine quelquefois le tremblement par une chute ou un tour de gosier ; c'est ce qu'on appelle fermer un tremblement » :

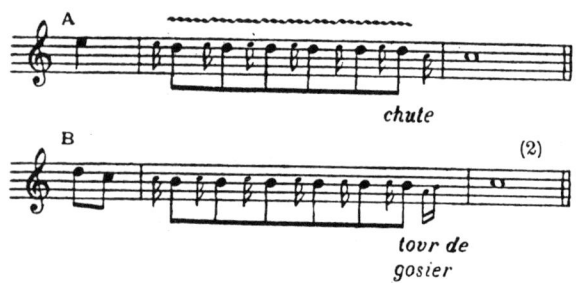

« La fin de la cadence est une liaison qui se fait

---

(1) Se fait sans *appui*.
(2) Bien remarquer la différence des deux exemples : en A, il ne faut pas terminer par un tour de gosier ; ce serait un italianisme contre lequel les auteurs mettent en garde. Au contraire l'exemple B rentre bien dans la catégorie examinée ci-dessus.

du tremblement avec la note sur laquelle on veut tomber par le moyen d'une autre note, *touchée fort légèrement* ; par exemple pour le tremblement sur un mi, cette liaison se fait sur un ré qui n'est qu'effleuré, même s'il est écrit en caractères ordinaires, pour aller tomber sur le même ré ou même sur un ut qui est la finale. Cette liaison n'est presque jamais marquée sur le papier de peur que les ignorants ne lui donnassent la même force et le même poids qu'aux autres notes, ce qui serait très rude et très désagréable (1). » On peut se reporter à l'exemple de la page 67 ; la fermeture se fait bien en notes plus brèves que ce qui est marqué.

Les deux fermetures ci-dessus sont les plus usitées. Voici d'autres cas utiles à connaître :

1º Cadence coupée :

2º Cadence terminée par un accent :

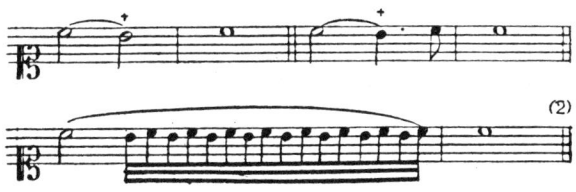

---

(1) Bacilly.
(2) Duval, Corrette, etc.

3º Cadences sans fermeture : « on commence toujours la cadence par la note au-dessus et on termine par celle qui est notée ».

(1)

TREMBLEMENT SANS APPUI

Suivant la règle invariable pour tous les tremblements de l'école française, il commence par la note supérieure (2). Les clavecinistes et organistes le font ainsi :

Les battements doivent en être vifs et brillants. Il se place sur un temps fort ou une partie forte de temps (3), et spécialement sur l'une des deux notes d'un demi-ton ; il affectionne les notes un

---

(1) Traité de la flûte traversière, Corrette, Durieu, etc.
(2) Le tremblement français commence *toujours* par la note supérieure ; le trille italien par la note même. On observait soigneusement cette subtile différence. On peut déplorer qu'il n'en ait été tenu aucun compte dans des rééditions modernes où les agréments sont exprimés en toutes notes.
(3) Surtout dans une série de noires ou de croches.

peu longues (croches au milieu de doubles croches, noires pointées au milieu de noires et de croches). On ne l'emploie jamais sur de longues durées. C'est un agrément très usité dans le récitatif. En outre on s'en sert fréquemment dans les sauts mélodiques. Exemple pour la quarte :

(1)

On ne le marque presque jamais.

TREMBLEMENT FEINT

Très usité par les chanteurs et les instruments qui peuvent imiter la voix. « Il se fait par un seul battement » :

(2)

Il s'emploie lorsque le sens d'une phrase est suspendu et que le chant descend, généralement sur la note supérieure d'un demi-ton. « Le tremblement dit étouffé est un ornement très commun dans le chant, et des plus considérable, qui se fait lorsque

---

(1) L'Affilard, Villeneuve, etc.
(2) Observer la diminution, déjà signalée, des notes de liaison avec ce qui suit.

ayant formé l'appui, le gosier se présente à trembler et pourtant n'en fait que semblant comme s'il ne voulait que doubler la note sur laquelle se devait faire la cadence. C'est un grand charme dans le chant... La plupart des gens s'en tiennent ou à faire le tremblement véritable ou la note toute simple ; c'est une médiocrité de chant que l'on peut dire plus vicieuse qu'elle n'est louable (1). »

L'appui se fait par la moitié ou les deux tiers de la valeur ; le battement doit « passer avec une grande légèreté (2) », presque imperceptiblement. Le tremblement feint « se pratique quand le sens des paroles n'est pas fini ou que le chant n'est pas arrivé à sa conclusion (3) » :

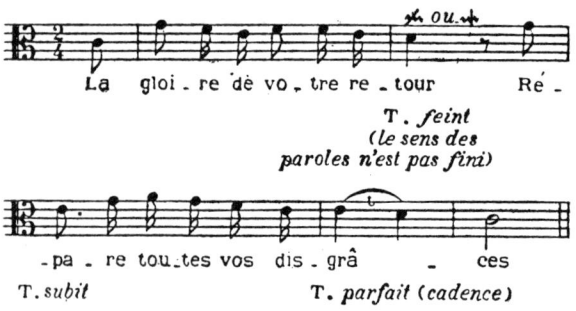

Ce tremblement se trouve généralement dans une suite de notes descendantes. En voici quelques exemples qui aideront à les reconnaître.

(1) Bacilly.
(2) Buterne.
(3) Bailleux.

Vers la fin du XVIIIe siècle, on écrit fréquemment l'appui en notes réelles :

NOTES DIÉSÉES

C'est encore un usage français d'orner par certains agréments les mi, les si, les notes accidentellement diésées (3) — ayant un caractère de notes sensibles. La tradition est déjà signalée par S. de Caux en 1615. Bacilly précise : « C'est une erreur de plusieurs musiciens que de faire toujours un tremblement sur un dièze en montant. Car s'il est en descendant, il n'y a pas quasi lieu d'éviter le tremblement pourvu que la syllabe soit longue. » Toinon corrobore ce texte en donnant un exemple où les notes diésées sont en descendant ; Hotte-

---

(1) Brijon.
(2) L'Abbé, Durieu, etc.
(3) Même si elles ne portent aucun signe d'garément.

terre, en 1738, explique que les notes diésées accidentellement se tremblent presque toujours, excepté les brèves ; on ne prépare pas le tremblement. Quand revient le bécarre, on doit mettre un tremblement sur la note.

A la fin du XVIIIe siècle cet usage était tombé en désuétude.

LE PINCÉ (1)

Agrément très usité, réservé aux pièces d'expression vive et légère ; on ne le fait qu'en montant d'une note à l'autre. On le note généralement ainsi :

A partir du commencement du XVIIIe siècle, on l'exécute ainsi :

Le pincé double ou triple se compose de deux ou trois battements, et est réservé aux notes longues.

(1) Ou *Martellement, Flatté, Tremblement mineur.* Le mot *mordant* est inconnu des Français.
(2) Les violistes.
(3) Les clavecinistes.

On aime à faire le pincé sur la seconde note d'un demi-ton en montant (fa ou do) et en passant d'une brève à une longue. Il est très rare dans les suites mélodiques descendantes. « Il rend le jeu brillant (1) », et « ne peut jamais faire aucun mauvais effet, si ce n'est qu'il soit trop fréquent (2) ».

« Le martellement est un agrément qui donne du brillant à la voix ; c'est une espèce de coup de fouet qui rend la note plus perlée ; il ne s'emploie que lorsque le chant procède en montant par degrés disjoints ou conjoints. » Il n'est marqué que dans la musique de clavecin.

L'ACCENT

C'est un agrément propre au chant, et très peu employé par les clavecinistes : il marque la passion, la douleur, la tristesse ; il se fait sur la fin de la note « par un coup d'estomach, qui fait entendre une espèce de h. ou d'esprit aspre, comme disent les Grecs (3) ». Il se pratique à la fin de notes longues, suivies d'une note sur le même degré ou un degré inférieur ; il emprunte le degré supérieur à celui de la note longue sur laquelle on le place. Voici l'explication et l'exemple de Montéclair :

(1) Corrette.
(2) Le violiste Rousseau.
(3) Brossard.

« L'accent est une aspiration ou élévation douloureuse de la voix qui se pratique plus souvent dans les airs plaintifs que dans les airs tendres ; il ne se fait jamais dans les airs gais ni dans ceux qui expriment la colère. Il se forme dans la poitrine par une espèce de sanglot, à l'extrémité d'une note de longue durée ou forte, en faisant un peu sentir le degré au-dessus » :

Il arrive souvent que la note de l'accent est si peu ressentie, qu'elle semble se confondre avec le degré de la longue note.

Dans l'art instrumental on fait quelquefois l'accent à la tierce : « on doit l'entendre aussi imperceptiblement que s'il était la prolongation du son filé qui le précède (1) ».

Exemple de Leclair :

---

(1) L'Abbé.

Sur une note placée à la fin d'une phrase on l'exécute ainsi :

Si on emprunte le degré inférieur, on a alors l'accent renversé, extrêmement rare.

A cet agrément se rattache le sanglot ou hélan, placé souvent dans une quinte descendante : « c'est un entousiasme qui prend son origine dans le fond de la poitrine et qui se forme par une aspiration violente qui ne fait entendre au dehors qu'un souffle sourd et suffoqué. Le sanglot prévient la vive voix avec laquelle il se lie étroitement, et lorsque la voix s'est étendue suivant la valeur de la notte ou suivant la force de la passion, elle finit presque toujours par un accent ou par une chute. Le sanglot s'emploie dans la plus vive douleur, dans la plus grande tristesse, dans les plaintes, dans les chants tendres, dans la colère, dans le contentement, et même dans la joie. Il se pratique presque toujours sur la première sillabe du mot hélas, et sur ah ! eh ! o ! (2) ».

(1) Lacassagne.
(2) Bailleux.

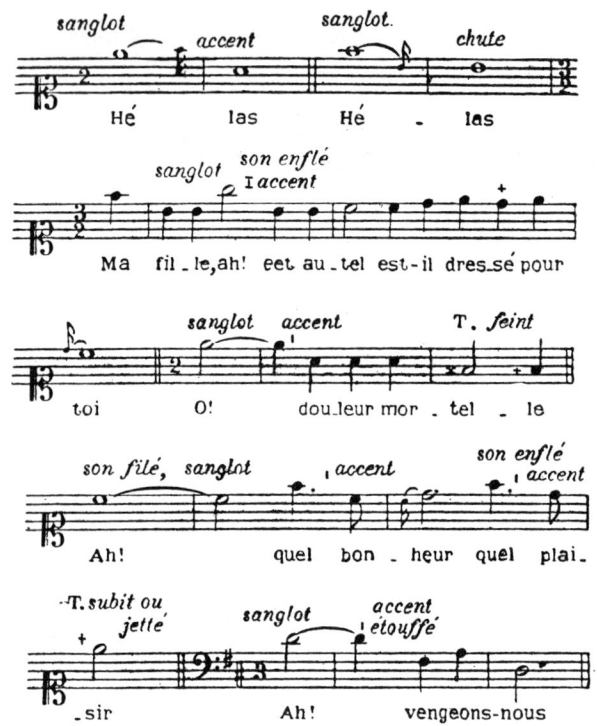

LE PORT DE VOIX

Le port de voix sert à exprimer la tendresse ou la tristesse.

PORT DE VOIX SIMPLE

C'est « l'élévation de la voix d'un son faible ou d'une petite durée à un son ordinaire et plus haut d'un degré » dit Loulié, qui donne l'exemple suivant :

En fait la structure rythmique de cet agrément est comprise de plusieurs façons tout à fait différentes :

1º La valeur du port de voix est prise sur la note précédente : A (1).

2º Elle est prise sur la note même, qui se décompose en deux notes inégales : B (2) ;

3º Elle est prise sur la note même, qui se décompose en deux notes égales :

Plusieurs auteurs laissent l'exécutant libre de choisir le rythme qui lui convient : il faut toujours s'en référer au « bon goût », l'arbitre suprême.

Très fréquemment le port de voix n'est indiqué par aucun signe ; « il se fait assez souvent quand on monte par degré conjoint d'une note brève à une note longue ».

---

(1) Procédé familier aux chanteurs.
(2) Système indiqué par un assez petit nombre d'auteurs.
(3) Manière de faire généralement suivie par les clavecinistes. C'est l'appogiature actuelle.

« Le port de voix est un des objets de la propreté du chant le plus essentiel, il l'orne d'une manière si gracieuse qu'il sert à exprimer tout ce que l'âme peut sentir ; aussi est-il très difficile de définir par écrit la façon dont il faut s'y prendre pour le bien former, et peu de chanteurs ont réussi à le rendre aussi touchant et aussi sensible qu'il le doit être, et ce n'est qu'avec les sentiments d'un esprit bien pénétré de ce qu'il dit, qu'on parvient à la perfection de cet agrément. Le port de voix préparé et soutenu tire son origine de la note au-dessous de celle où l'on va asseoir le son ; et lorsqu'on aura assis le ton, il faudra le filer avec douceur sur la première des trois parties qu'il faut donner à la durée de la note, enfler insensiblement le son sur la seconde partie, et le faire mourir comme on l'a fait naître, sur la troisième partie ; c'est là le propre du port de voix (1) » :

Le port de voix se fait d'une manière caressante et plaintive (2). « Il n'y en a jamais que dans les chants graves, lents, ou gracieux, car on ne peut en placer dans les airs de mouvement et de vitesse (3). »

(1) David (1737).
(2) Boüin.
(3) Choquel.

PORT DE VOIX AVEC PINCÉ

C'est la manière la plus usitée de faire le port de voix. On l'appelle aussi martellement, à cause du pincé constitutif :

Le port de voix est toujours accompagné du pincé quand il se trouve aux points de repos et à la fin de la mélodie. Les clavecinistes font volontiers deux ou trois battements :

(1)

Le chanteur Bacilly parle avec détails du port de voix : « Rien n'est si rare que de former les ports de voix avec la solidité et le poids qui leur est nécessaire. Les uns ne soutiennent pas assez la note inférieure et ont trop de hâte et d'empressement de la porter (ce qui est le défaut le plus fréquent). Les autres ne doublent pas assez ferme du gosier, s'imaginant que cela est trop rude ou bien souvent par un défaut de nature : et les autres enfin ne soutiennent pas assez la note supérieure soit par non-

---

(1) Rameau.

chalance, soit par ignorance. Le port de voix et le demi-port de voix (1) sont absolument nécessaire pour rendre le chant parfait : il n'y a rien qui embarrasse les chanteurs comme de les placer à propos dans les endroits où il faut qu'ils soient, pour rendre le chant ferme sans être rude, et doux sans être fade. Le meilleur avis que l'on puisse donner sur les véritables ports de voix est qu'ils se font toujours à la cadence finale, à la médiante (2) sans aucune réserve (quand il y a lieu de les faire, c'est-à-dire quand le chant monte d'un degré) et dans les cadences qui se montrent par ci, par là, surtout pourvu qu'il y ait du temps et que la note sur laquelle on forme le port de voix soit fort longue (3). Dans les autres endroits où deux notes sont immédiatement l'une au-dessus de l'autre, c'est le génie qui doit être maître en ce rencontre. Il faut seulement avoir cette considération que pour la variété du chant, il faut mêler les diverses sortes de port de voix et tantôt en faire des pleins, tantôt des glissés et quelquefois les notes toutes simples d'une manière alternative. » En certains cas il vaut mieux remplacer le port de voix par un tremblement : « il y a mille exemples qui ne sont fondés que sur le bon goût et dont on ne peut établir de

(1) V. ci-après.
(2) Au milieu de l'air, généralement marqué par des barres de reprise.
(3) Généralement aux coupes des vers, et aux arrêts du sens.

règle certaine à moins de vouloir embrouiller les esprits au lieu de les instruire ».

PORT DE VOIX FEINT

« Il se fait de la même manière que le port de voix entier, avec ces différences qu'on soutient et qu'on enfle le son sur la pénultième note, qui est la note d'agrément et qu'on escamote moelleusement (si l'on peut s'exprimer ainsi) la dernière qui est la note essentielle. La note qu'on escamote est marquée au coin de la délicatesse (1). » « On peut manquer le demi port de voix en ne soutenant pas assez longtemps la note inférieure, ou marquant avec trop d'âpreté le doublement de la note supérieure, de sorte que ce qui s'appelle dans le port de voix *fermeté*, se nomme *rudesse* dans le demi port de voix (2). »

« Le port de voix fini sert ordinairement à rendre des expressions de langueur (3). » En fait, comme les tremblements, les divers ports de voix ont une fonction distincte dans la phrase : « Le port de voix feint lie un membre de phrase à un autre : il tient

---

(1) Bérard, Blanchet.
(2) Bacilly.
(3) Dellain.

lieu de la virgule dans la ponctuation du chant ; il faut rester plus longtemps sur la préparation que sur la terminaison qui se fait par un martellement. Le port de voix appuyé ne se fait que sur un mot qui termine un sens quoique la phrase ne soit pas finie. Il tient lieu des deux points de la ponctuation ; sa préparation et sa terminaison se partagent également. Le port de voix achevé ne se fait que sur un mot qui termine une phrase. On reste sur la terminaison autant que l'on veut selon que le caractère du chant le requiert. »

PORT DE VOIX DOUBLE

Rarement employé, et presque toujours marqué en toutes notes :

(1) Lécuyer.

PORT DE VOIX PAR INTERVALLE

Très rare ; à la quinte ou à la sixte ; exemples de Loulié et Freillon-Poncin :

ou

David et Toinon le font ainsi :

« Celui-ci est trop gotique et trop peu supportable pour le mettre en usage, mais on peut le tolérer et le pratiquer en certains cas (1). »

PORT DE VOIX AVEC ACCENT

C'est un port de voix dont la note réelle finit par un accent : « Rien ne marque tant un chant provincial que ces sortes d'accens placés mal à propos et en toute occurence, surtout au bout des finales et des ports de voix », dit Bacilly en 1679. Mais au XVIIIe siècle on aime à terminer le port de voix final par un accent proprement dit ou un

---

(1) Denis. Ce port de voix n'est signalé que par une demi-douzaine d'auteurs.

accent renversé : « La terminaison (1) doit être suivie d'un accent, surtout lorsqu'il se trouve une syllabe muette à la fin d'un mot ».

LE COULÉ

Cet agrément n'est presque jamais noté ; il est de règle d'en user dans les tierces descendantes, aux mouvements lents ou gracieux :

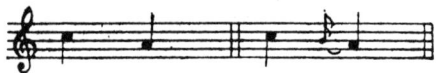

COULÉ DESCENDANT DE TIERCE

Exemple de Loulié :

Comme pour le port de voix, on trouve trois interprétations rythmiques de cet agrément :

1º La valeur du coulé est prise sur la note précédente : A (2) ;

2º Elle est prise sur la note même, qui se décompose en deux notes inégales : B (3) ;

---

(1) La dernière note du port de voix.
(2) C'est l'usage des chanteurs au xviie siècle.
(3) Procédé très usité à toute époque.

3º Elle est prise sur la note même, qui se décompose en deux notes égales :

C'est au goût de décider quelle est la meilleure manière dans chaque cas. Les coulés pris sur la note précédente sont toujours brefs :

« Il faut effleurer le son de la note intermédiaire d'une manière tendre et caressante (3) », « avec une certaine douceur et obscurité », disent aussi Bérard et Blanchet. Et Choquel insiste : « Il faut observer de ne les faire sentir qu'à *demi voix.* » Bailleux résume les auteurs : « Le coulé adoucit le chant et le rend onctueux par la liaison des sons. Il se pratique particulièrement lorsque le chant descend de tierce. Il n'y a point ordinairement de signe qui le caractérise, c'est le goût qui décide des endroits où il faut le faire. Il y a cependant des maîtres qui le désignent par une petite note ou une liaison

---

(1) Dieupart. Manière de faire de beaucoup de clavecinistes. C'est l'appogiature actuelle.
(2) Le violiste Rousseau.
(3) Boüin.

Lorsque les paroles expriment la colère (1), ou que le chant est d'un mouvement précipité, on ne coule pas les tierces en descendant. »

COULÉ DOUBLE

Très rare. Exemple de David :

LE COULÉ PAR MOUVEMENT CONJOINT

Exemple de Loulié :

C'est la manière A qui est le plus usitée. Elle se rythme de diverses manières :

---

(1) P. ex. sur : *Fai tomber ton tonnerre.*
(2) D'Anglebert. C'est l'appogiature actuelle.
(3) Saint-Lambert.

Ce dernier pour les pièces lentes.

(1)

COULÉ PAR INTERVALLE

Loulié donne la double série suivante :

Certains théoriciens parlent de cette manière de faire, peu usitée. Rameau adopte l'interprétation A. Au contraire Montéclair donne l'exemple suivant, avec une différence rythmique déjà signalée :

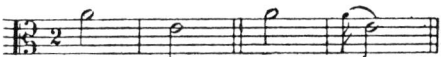

Pas plus que le port de voix par intervalle le coulé par intervalle ne jouit d'une grande faveur.

(1) Duval.

LA CHUTE

« La chute est une inflexion tendre de la voix, qui se fait après un son appuyé, et qui tombe comme en mourant sur un degré plus bas (1). » Elle est propre aux affections « tendres et aux émotions de l'âme (2) ».

Exemple de David :

ARPÉGEMENT

C'est un agrément particulier au luth « ce Roy des instrumens » et adopté ensuite par les clavecinistes et organistes. « Il consiste à séparer les notes d'un accord au lieu de les toucher toutes ensemble. Il y en a de deux sortes : le simple, qui se fait en séparant seulement les notes de l'accord, et le figuré dans lequel on emprunte d'autres notes

---

(1) Mangin.
(2) Emy de l'Ilette.

que celles de l'accord pour lui donner plus d'agrément. Dans l'harpégé soit simple soit figuré, les doigts se doivent appliquer sur les touches avec une telle égalité qu'il ne paroisse entre les notes aucun intervalle sensible qui rompe ou altère la mesure de la pièce (1). »

Arpégement simple — à deux et à trois notes :

Arpégement figuré :

Cette dernière manière peut introduire des sonorités piquantes et inattendues ; on l'appelle souvent *cheute*.

(1) Saint-Lambert.

« Dans toutes les pièces d'exécution gracieuse ou tendre, on doit toucher la note de basse avant celle de dessus sans altérer la mesure, ce qui opère une suspension (1) sur chaque note du dessus. S'il se rencontre plusieurs notes à la basse, il faut les arpéger... ce qui rend le toucher moelleux, gracieux et indispensable pour les pièces de sentiment », dit Foucquet.

SUSPENSION

Exemples de Couperin et de Rameau :

« Elle n'est guère usitée que dans les morceaux tendres et lents. Le silence qui précède la note où elle est marquée doit être réglée par le goût de la personne qui exécute... » (Couperin.)

On l'utilise fréquemment dans les passages analogues à celui-ci :

(1) V. ci-après.

LE BALANCEMENT

C'est le vibrato actuel. Il est décrit par les violistes et les violonistes. Voici, prise au hasard, la définition de Villeneuve (1733) : « Le balancement se fait en tenant le son vacillant de même lorsqu'une grosse cloche a sonné un seul coup. »

Au lieu de *balancer* les chanteurs disaient *animer* « c'est-à-dire donner le mouvement à quoi cet ornement du chant contribue beaucoup et sans lequel les airs seraient sans âme et ne feraient qu'ennuyer. Il n'y a donc rien de si fréquent dans les airs et l'on peut même en faire plusieurs de suite, pourvu que ce soit sur des syllabes longues et jamais sur des brèves (1) ».

On le marque quelquefois par une petite ligne ondulée, surtout lorsqu'il est ralenti de manière à imiter le *Tremblement d'orgue* : « il caractérise la crainte par un frémissement (2) ». On le trouve sur des mots comme *Mota est terra*, dans des scènes de terreur, dans le fameux chœur du froid d'Isis, etc.

(1) Bacilly.
(2) Dellain.

SON FILÉ

« Cet agrément est fait pour enfler et diminuer le son ; il est extrêmement touchant dans les pièces tendres sur les notes longues (1). » On pratiquait aussi les sons enflés, les sons diminués, tout comme aujourd'hui.

Mais ce qui est particulier au XVIIIe siècle c'est le *son glissé*, pratiqué à la voix et aux instruments à cordes : « c'est un son filé qui monte ou descend insensiblement d'un demi-ton chromatique (2) ».

« Il faut monter ou descendre d'un son à un autre son prochain sans aucune interruption en passant doucement par toutes les parties indivisibles que le ton ou le demi-ton contient (3) » :

« Cet agrément est fort touchant et patétique (4).»

(1) Anonyme de 1728.
(2) Lacassagne.
(3) Bailleux.
(4) Le violiste Rousseau.

LA MÉTHODE DE CHANTER (1)

« Le vulgaire donne aux diminutions du second couplet (2) le nom de *Méthode de chanter*, ne faisant consister tout le fin du chant que dans ce qu'ils appellent de ces mots barbares : *fredon, roulement*, et autres noms semblables. Autrefois l'on ne faisoit consister la manière de chanter que dans les traits de chant, sans avoir égard aux paroles : chacun auoit sa Méthode, c'est-à-dire inuentoit selon son caprice plus ou moins de traits dans les couplets des airs, les vns d'vne manière, les autres d'une autre, et tout cela passoit pour bon, du moins pour supportable (3). »

Il s'agit ici d'une des manières de faire qui déroutent le plus l'habitude moderne de ne rien oser se permettre en dehors de la note écrite. A diverses reprises, on a essayé de lutter contre la liberté excessive laissée aux exécutants ; en fait la vieille tradition de l'ornementation *ad libitum* a résisté à tous les assauts et n'a définitivement succombé qu'au XIXe siècle (4). Voici un spécimen du genre :

---

(1) Pour bien comprendre ceci, il faut se rappeler que toute reprise (en Double) était ornementée par des variations *ad libitum* ou valeurs brèves, que les contrapuntistes appellent Diminutions.

(2) Ou *goût du chant* « art de chanter ou de jouer les notes avec les agrémens qui leur conviennent ». (Dict de Trévoux.)

(3) Bacilly (1679).

(4) On peut noter, à titre de curiosité, que l'art mélodique euro-

l'auteur, prudent, a écrit lui-même sa diminution :
 1º Air (1) :

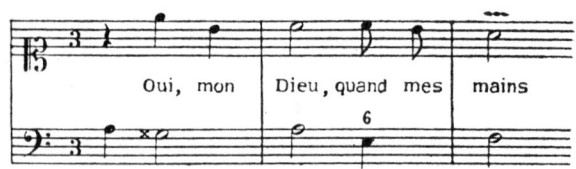

2º Deuxième couplet ou double, avec les diminutions, sur la même basse :

Quand c'est l'auteur lui-même qui propose ces mélismes inattendus et ces rythmes singuliers, il n'y a qu'à les exécuter tels quels. Mais les obstacles surgissent lorsque l'on n'a en sa possession que le thème : comment faut-il broder les « couplets » ?

A l'époque, la résolution de ce problème était infiniment plus facile qu'aujourd'hui : tout le monde faisait des diminutions ; la tradition était vivante ; on en était véritablement imprégné. Maintenant qu'elle a complètement disparu, on peut tout au moins se rendre compte des procédés employés.

---

péen présente en cela une singulière ressemblance avec l'art oriental turc, persan, arabe : la pratique de l'ornementation est pareille de part et d'autre.
(1) Collasse, Cantiques spirituels (1695).

Tout d'abord les *Passages :* « ce sont plusieurs *petits sons* qu'on entremêle parmi les agréments simples. Ils s'appellent communément doubles. En voici quelques-uns sur un seul intervalle ».

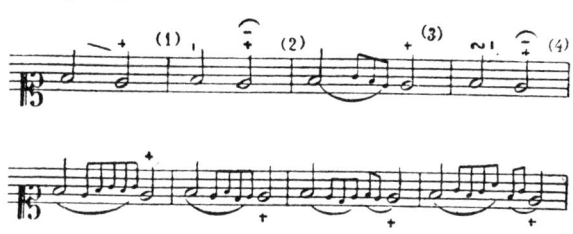

« Le passage se fait de plusieurs manières différentes comme on le verra dans les airs que les anciens appelaient doubles. Les passages sont arbitraires, chacun peut en faire plus ou moins suivant son goût et sa disposition (5). »

Puis les *Diminutions :* ce sont des notes *mesurées* mises pour une seule.

(1) Loulié. Coulé suivi de tremblement.
(2) Accent après la première note, et cadence appuyée.
(3) Les auteurs avertissent que ces petites notes doivent être toujours liées, même quand ce n'est pas indiqué.
(4) Doublé et accent sur la première note ; cadence appuyée sur la seconde.
(5) Bailleux.
(6) Loulié.

La *coulade*, ou fragment de gamme qui réunit deux sons éloignés. Exemple de Montéclair : chant simple :

Quoi qu'on puisse penser au XXe siècle de tous ces *fleurelis, fredons, traits, fusées, tirades, traînées,* etc., on les appréciait fort : à propos du célèbre menuet de Cupis, Daquin écrit : « il n'y a guère que lui capable d'assaisonner ce morceau d'aussi jolis traits, il lui donne toujours un coloris nouveau, et ce menuet si flateur, si agréable, passe encore pour un air moderne (1753) quoique composé depuis plusieurs années ». Et Bethizy dit de même : « Il faut une grande perfection dans le jeu et beaucoup de goût pour bien rendre un chant uni mais gracieux ou tendre, et pour le broder, non en le défigurant, mais en lui donnant de nouvelles graces. » En général on variait les phrases qui se répètent, pour éviter les redites et leur monotonie (1).

---

(1) C'est à ce genre d'agrément que font allusion certaines doléances, dont il ne faut pas exagérer la portée, p. ex. : « Il est presque impossible d'enseigner par écrit la manière de bien former les agré-

Il est clair que les anciens n'auraient pas aimé les exécutions stéréotypées du phonographe. Mais on mésusait souvent des agréments : dès qu'ils ne remplissaient plus leur rôle expressif, ils devenaient oiseux, par suite condamnables. Aussi on voit se dresser contre eux les plus grands noms de la musique française. Lully a fait disparaître peu à peu de ses opéras les roulements et les doubles : « Le goût des diminutions n'étoit point celui du sieur de Lully, grand sectateur du beau et du vrai, qui auroit banni de son orchestre un violon qui eût gâté son harmonie par quelque diminution, ou quelque miaulement mal placé (1). »

« Un point important et sur lequel on ne peut trop insister ; c'est d'éviter cette confusion de notes que l'on ajoute aux morceaux de chant et d'expression, et qui ne servent qu'à les défigurer. » dit Leclair ; et Grétry observe que « *Garat* n'ose pas broder les scènes dramatiques de *Gluck*, pas

ments, puisque la vive voix d'un maître expérimenté est à peine suffisante pour cela. » (Bailleux.)
(1) Bonnet (1715). Il ne s'agit ici que des pratiques de la *Méthode de chanter*, les autres agréments, à cause de leur valeur expressive restant en usage. Voici sur le même sujet une amusante anecdote de Bauderon de Sénecé (1788) : « Un violon du feu roi, croyant se signaler par-dessus les autres, joua certain endroit de sa partie avec force variations et roulemens, s'imaginant, suivant les principes de son temps, que cette méthode donnait beaucoup de grâce à son jeu, et que c'était là le plus exquis raffinement de son art. Alors la patience échappant à Lulli : « Eh ! morbleu, Coquin, lui dit-il, ôte-toi d'ici ; « va-t'en avec ta broderie faire danser les servantes de cabaret... et « ne viens point, par tes contretemps, défigurer les meilleurs accords « de ma symphonie. »

même dans les concerts, où ce luxe musical est plus tolérable qu'au théâtre ». Bollioud de Mermet donne la raison de cet ostracisme, c'est qu'il arrive un moment où l'ornementation contrevient à sa propre destination : « Un musicien vient à bout de rendre toute la musique semblable. Il embarrasse, il enveloppe tellement le sujet de la pièce par des tours hazardés et des ornemens superflus, qu'on ne le distingue plus. Il joüeroit dix sonates qu'on croiroit entendre la même ; parce que ces tours sont sous ses doigts, et qu'il les place indifféremment par tout (1). »

★

Il est défendu de faire deux cadences de même espèce sans qu'elles soient séparées par quelque autre agrément.

Excepté le tremblement et les passages de la *Méthode de chanter*, tous les agréments se font avec un nombre déterminé de petites notes. « Jamais les agréments ne doivent altérer le chant ni la mesure de la pièce. Dans les pièces d'un mouvement gai, les coulés et les arpégés doivent passer plus vite que quand le mouvement est lent : il ne faut jamais se presser pour faire un agrément quelque vite

(1) Les diminutions des Français n'étaient rien auprès de celles des interprètes italiens, qui se substituaient véritablement à l'auteur

qu'il doive passer ; il faut prendre son temps, préparer ses doigts, et l'exécuter avec hardiesse et liberté », écrit Saint-Lambert. La même doctrine était encore en vigueur un siècle après, en 1797.

Conformément à la théorie de la valeur expressive des agréments, on ne les exécute pas d'une manière toujours identique : « C'est au caractère des passions, à leurs degrés et à leurs nuances de décider le choix et la durée, l'énergie et la douceur, la vivacité ou la lenteur des agrémens, et par égard pour la variété qui est l'âme du plaisir, on doit bien se garder de les répéter dans les morceaux de musique, du moins à une trop faible distance de l'endroit où on les a exécutés (1). »

« Médée en fureur ne doit pas faire les agrémens d'un Berger doucereux : il est ridicule de chanter de la même manière que je vous aime, que je vous hais, quoiqu'ils soient notés tous deux de même :

« Il faut brusquer les agrémens dans la colère, et les finir (2) dans les chants agréables (3). »

Bien entendu, dans les ensembles, chœurs ou orchestres, il faut exécuter les notes telles qu'elles

---

(1) Blanchet.
(2) On dirait aujourd'hui *fignoler*.
(3) Lécuyer.

sont écrites : « on ne peut ajouter d'agréments que lorsqu'on est seul à sa partie (1) ».

★

Les signes qui servent à désigner les agréments sont arbitraires : « les agrémens du chant n'ont point de figures ni de noms généralement reconnus. Les mêmes signes n'étant pas admis par tous, chaque maître en a imaginé qui ne peuvent servir qu'à ses élèves (2) ».

Le signe le plus répandu est la croix + ou ×, qui désigne aussi bien un quelconque des tremblements, que le port de voix, le coulé ou le pincé.

Les clavecinistes et les organistes ont une séméiographie très homogène (3). Très souvent ils accompagnent leurs œuvres d'une table d'agréments. Voici, pour fixer les idées, celle de van Helmont (1737) :

(1) Durieu.
(2) Duval.
(3) On peut observer, en comparant leurs tables avec l'*Explication du Clavier Büchlein* de 1720, que J. S. Bach a adopté le système des agréments français.

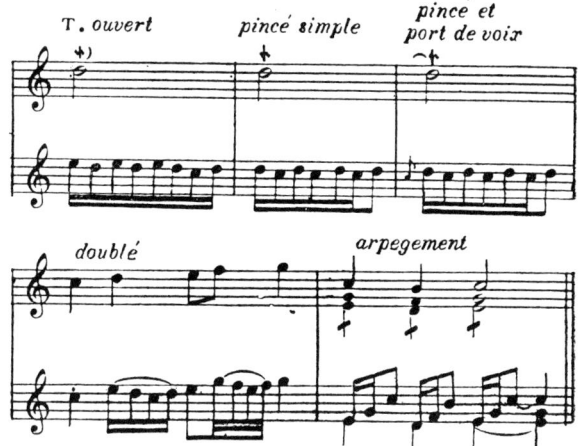

Hormis ce cas, qui est rare, la détermination des agréments exige parfois une certaine expérience. Au point de vue typographique, en effet, la question des agréments se présente sous trois formes distinctes :

A) Les agréments sont écrits en toutes notes. Il est facile alors de les reconnaître et de leur appliquer les procédés d'interprétation décrits par les auteurs. C'est le cas d'innombrables recueils d'airs et de pièces, pour la plupart du XVIIe siècle ou du commencement du XVIIIe.

B) Les agréments sont marqués avec précision par des signes conventionnels. C'est le procédé suivi par les organistes et les clavecinistes, qui se montrent très sévères : « Mes pièces doivent être exécutées comme je les ay marquées ; elles ne feront jamais une certaine impression sur les personnes qui ont le goût vray, tant qu'on n'observera pas à la lettre tout ce que j'y ay marqué, sans augmentation ni diminution », écrit Couperin, suivi en cela par Rameau et beaucoup d'autres auteurs.

C) Les agréments ne sont pas marqués, ou ne sont indiqués que de loin en loin, là où une omission serait désastreuse : « aussi les agréments qu'on avait admirés dans l'exécution des plus beaux morceaux de musique ne sont guère connus que de quelques excellents chanteurs et sont perdus pour les gens de la capitale qui ne fréquentent point les spectacles, pour les provinces, pour l'Europe et pour la Postérité (1) ».

Alors il est conseillé, « de jouer pendant quelque temps sur des pièces où tous les agrémens soient marqués, afin de s'accoutumer peu à peu à les faire sur les notes où ils réussissent le mieux (2) ». Les traités contiennent des « Leçons des agrémens du chant notées » pour initier les novices. Voici par exemple celle de Villeneuve (1733) qui condense en une brève démonstration les agréments les plus disparates :

---

(1) Blanchet.
(2) Hotteterre, qui résume la doctrine établie.

LES AGRÉMENTS

Avec un peu d'habitude, on devine les agréments non marqués : l'usage du port de voix, des coulés, des pincés est tellement régulier, le retour d'agréments correspondant à certains contours mélodiques est si bien ordonné, qu'on est amené automatiquement à les placer et à les faire au bon endroit. D'ailleurs « on ne doit pas s'en tenir en esclave aux agrémens qui seront annoncés par les signes ; si cela était, il ne serait pas possible que la même musique présentée toujours avec les mêmes ornemens n'offrît aux oreilles des beautés monotones ; il vaut bien mieux que les personnes qui chantent leur substituent quelquefois des agrémens analogues à leurs organes et à leur tour particulier d'imagination ; ainsi les mêmes airs, les mêmes paroles, se produiront sous des formes toujours nouvelles et avec des charmes toujours nouveaux (2) ».

---

(1) « La cadence coupée se fait en arrêtant sur le ton de la note sur laquelle on veut la faire. » Villeneuve. En général, *couper*, c'est ne pas donner toute sa valeur à une note longue, dont on remplace la fin par un silence.

(2) Blanchet. On remarquera une fois de plus combien le principe de la variation, le souci d'éviter l'uniformité, est fondamental dans l'interprétation du temps.

L'interprète jouit donc d'une latitude qu'on jugerait excessive au xxe siècle, mais qui paraissait autrefois toute naturelle : comme toujours, il faut se soumettre à la décision du juge suprême, le bon goût : il est indifférent « qu'on se soit un peu écarté de la règle (1), pourveu qu'on rende une pièce aussi sensible et aussi parfaitement que si on l'avait suivi (2) ».

(1) Les anciens Français étaient à cet égard d'une hardiesse qui choquerait la plupart des modernes pédagogues ; des déclarations comme celle-ci sont fréquentes : « Ce n'est pas que les règles soient à rejeter en sorte que de ne s'en servir que selon son caprice, mais il y a toujours raison de ne pas les garder, quand on peut faire quelque chose de meilleur. » (La Voye-Mignot, 1666.)

(2) Dupuits.

LA BASSE CHIFFRÉE

Parmi les particularités les plus caractéristiques de la musique du xviiie siècle, on peut noter l'habitude, dans la musique d'ensemble, de ne jamais écrire que la partie de basse de l'instrument accompagnant : théorbe, luth, clavecin, orgue. Dans l'école française, à peine trouvera-t-on quelques pièces de Rameau, de Mondonville, et d'autres auteurs, où la partie de clavecin soit écrite en toutes notes, comme aujourd'hui.

Cet usage a été introduit en France par Henri du Mont (1). Il s'acclimata facilement parce qu'il cadrait avec les habitudes du temps : prépondérance de la basse, attention particulière à ménager la partie récitante, exécution des œuvres sous la direction de l'auteur, qui tenait généralement la partie de clavecin ou d'orgue, et pouvait se contenter d'une notation sténographique.

L' « accompagnement » consiste dans l'exécution d'une harmonie complète et régulière à la vue de la seule basse ; « les Français prétendent qu'on ne

(1) V. ses *Cantica sacra* (1652).

doit point s'appercevoir de l'accompagnement dans un concert, qu'on doit seulement s'appercevoir qu'il n'y est pas lorsqu'il manque », dit Rameau. Il est piquant de constater qu'ici l'Encyclopédie est d'accord avec son féroce contradicteur : « pour accompagner avec intelligence, il ne faut songer qu'à soutenir et à faire valoir les parties essentielles ; et c'est exécuter fort habilement la sienne que d'en faire sentir l'effet sans le laisser remarquer (1) ».

Les traités d'accompagnement contiennent l'étude des intervalles, des tons, de la transposition, de l'harmonie consonante, des retards 4-3, 7-6, 9-8 qu'il faut préparer et « sauver » (résoudre) ; tout ce matériel musical était employé par les maîtres anciens de la même manière que par les modernes.

La basse chiffrée se joue à la main gauche ; on peut la doubler à l'octave inférieure. La main droite exécute trois ou quatre parties ; au XVIIIe siècle, tant pour nourrir la sonorité dans les ensembles, que pour réaliser des harmonies plus compliquées, on prit l'habitude de frapper quatre ou cinq notes à la main droite (2). On ne fait deux parties à la main droite que dans les suites de sixtes, de 7-6,

---

(1) Ceci condamne certaines réalisations modernes, trop chargées, qui sont de vrais concertos de piano placés sous la partie récitante.

(2) Toutefois l'usage de mettre trois parties à la main droite a subsisté jusqu'à la fin du XVIIIe siècle.

dans les mouvements vifs, et dans les cas où la basse montant beaucoup, et les mains étant rapprochées on risquerait d'être plus haut que la partie récitante (1), ou de dépasser le fa (5e ligne de la clé de sol) considéré comme limite supérieure des réalisations.

La tonique et la dominante non chiffrées portent l'accord parfait majeur ; les autres degrés, les *mi*, les *si*, les degrés diésés, les notes qui précèdent un bémol, se réalisent avec l'accord 6.

Le × ou ♯ indique l'accord parfait *majeur* ou la *tierce majeure ;* le ♭ l'accord parfait *mineur* ou la *tierce mineure*. Le chiffre avec × ou ♯ désigne un intervalle majeur ou augmenté ; avec ♭, un intervalle mineur ou diminué. Le ♮ demande l'accord parfait *majeur*, la *tierce majeure*, ou remet l'intervalle dans son ton normal. Les accidents sont toujours placés *après* les chiffres (2).

En pratique, quoique les compositeurs ne s'astreignent pas à l'observation rigoureuse des règles de chiffrage, on ne rencontre que fort peu de cas douteux.

---

(1) Ce qui se produit si on accompagne une viole grave.
(2) Les Italiens les mettent *avant* les chiffres ou *au-dessus*. D'ailleurs les réalisations italiennes sont tout à fait différentes des réalisations françaises.

TABLEAU DES CHIFFRES

Chiffres exprimés	Réalisation
2	Accord de seconde : seconde, quarte, sixte. Sur la tonique.
2×, 2̄	Accord de seconde sensible : seconde augmentée, quarte augmentée, sixte majeure. Sur la sixte mineure de la tonique en mineur.
3♭	Accord parfait *mineur*.
3×	— *majeur.*
3	— mineur ou majeur, selon le degré.
4	Consonante : quarte, sixte, octave ; sur la tonique ou la dominante.
4	Dissonante : quarte, quinte, octave ; sur la dominante.
4×, 4̄, 4+	Triton, sixte et seconde : sur la sous-dominante descendant à la médiante, et dans les changements de ton.
5♭, 5̄	Tierce, quinte diminuée, sixte : sur la sensible. Si la basse ne monte pas d'un demi-ton, on réalise

Chiffres exprimés	Réalisation
	avec la tierce, la quinte diminuée et l'octave.
5	Accord parfait. Indique aussi la quinte diminuée sur les notes qui la portent naturellement.
5 ×	Tierce, quinte augmentée, septième neuvième ; ou tierce, quinte augmentée, octave. Sur la médiante en mineur. Indique la quinte juste sur la sensible.
6	Désigne plusieurs accords :

1º La *sixte simple* : tierce, sixte, octave : sur la médiante ;

2º La *sixte doublée* : tierce, sixte, et l'octave d'une de ces deux notes, suivant la position de la main ; sur la sus-dominante en montant ou la sensible en descendant ; on la fait aussi sur le *mi*, le *si*, et les notes diésées (1) ;

3º La *petite sixte* : tierce, quarte, sixte : sur la sus-tonique des

---

(1) Autrement dit sur la note inférieure des demi-tons.

Chiffres exprimés	Réalisation
	deux modes et la sus-dominante en descendant. En mineur on remplace quelquefois la quarte par la quinte diminuée ;
	4° Quarte, sixte et octave (rarement). Ces diverses espèces de sixtes se distinguent par les degrés où on les rencontre.
6×, 6 (1)	1° *Petite sixte ;*
	2° Tierce majeure, triton, sixte majeure ;
	3° Tierce majeure, triton, sixte augmentée ; sur la sixte mineure de la tonique en descendant, mode mineur ;
	4° Tierce mineure, quarte juste, sixte mineure.
×6 (1)	Accord précédent : 1° ou 3°.
7	Septième diminuée (très rarement : septième majeure).
7♭	Septième diminuée : quelquefois septième mineure.

---

(1) Dans le chiffrage ancien, la boucle supérieure du 6 était traversée par un petit trait. Comme ce signe n'existe pas en typographie, il a fallu le remplacer par un 6 ordinaire.

Chiffres exprimés	Réalisation
7	Tierce, quinte, septième, octave ; si on supprime la quinte c'est la *petite septième*. On réalise quelquefois : quarte, quinte, septième, octave.
7 ×	1º Seconde, quarte, quinte, septième majeure ; sur la tonique ; en majeur ou en mineur ;
	2º Seconde, quarte, sixte mineure, septième majeure sur la tonique, en mineur ;
	3º Septième ordinaire.
8	Accord parfait.
9	1º Tierce, quinte, septième, neuvième (on peut retrancher la quinte ou la septième) ;
	2º Quarte, quinte, neuvième (rarement).
9 ×	Neuvième majeure.
9 ♭	Neuvième mineure.
$\cancel{9}$	Neuvième mineure, quelquefois majeure.
$\begin{smallmatrix}2\\3\end{smallmatrix}\ \begin{smallmatrix}3\\2\end{smallmatrix}$	Chiffrage adopté par Couperin pour la neuvième.
$\begin{smallmatrix}4\\2\end{smallmatrix}$	Seconde, quarte, sixte (quelquefois quinte).

Chiffres exprimés	Réalisation
$^4_3$	Petite sixte.
$^4_\flat{}_4$ $^{4\times}_{3\flat}$	Tierce *mineure*, triton, sixte ; sur la sous-dominante en mineur.
$^{\sharp 4}_3$	Tierce *majeure*, triton, sixte.
$^{4\times}_3$	Un des deux accords précédents.
$^5_2$	Seconde, quarte, quinte.
$^5_4$	Quarte, quinte, octave.
$^{+5}_{\flat 4}$ $^{5\times}_{4\flat}$	Quinte augmentée, septième majeure, neuvième majeure, quarte juste. Sur la médiante en mineur.
$^6_3$	Accord de sixte.
$^6_4$	Accord de quarte et sixte.
$^6_{4,}$ $^6_{4\times}$	Même accord que 6 ×, n° 3.
$^6_5$	1° *Grande sixte* ou *opposition* : tierce, quinte, sixte sur la sous-dominante en montant;
	2° Tierce mineure, quinte, sixte.
$^6_{\flat 5}$	Tierce mineure, quinte diminuée, sixte mineure ; sur les *mi*, les *si*, les dièses.
(1) $^6_5,$ $^{6\times}_{5\flat},$ $^{6\times}_5$	1° Tierce majeure, quinte diminuée, sixte augmentée ; sur la

---

(1) V. la note de la page 109.

Chiffres exprimés	Réalisation
	sixte mineure de la tonique en descendant ; mode mineur ;
	2° Tierce, quinte diminuée, sixte majeure, sur la sus-tonique en mineur.
$+{}^6_5$ (1)	Tierce mineure, quinte diminuée, sixte majeure.
${}^7_2$	Seconde, quarte, septième (quinte *ad lib.*).
${}^7_4$	Quarte, quinte, septième et neuvième ; ou encore quarte, septième, octave. En dehors d'une cadence on peut réaliser aussi : quarte, septième, octave ou neuvième (quinte *ad lib*).
${}^{7}_{5\flat},\ {}^7_5$	Tierce, quinte diminuée, septième. Second degré du mode mineur.
${}^7_5$	Tierce, quinte, septième, octave.
${}^{7}_{5\times}$	Même accord que 5 ×
${}^{7\times}_{6\flat}$	Seconde, quarte, sixte mineure, septième majeure ; sur la tonique.
${}^9_4$	Quarte, quinte ou septième, neuvième.

---

(1) V. la note de la page 109.

Chiffres exprimés	Réalisation
$\genfrac{}{}{0pt}{}{9}{5}$	Tierce, quinte, neuvième. Quelquefois on double la quinte.
$\genfrac{}{}{0pt}{}{9}{5} \times$	Même accord que $5 \times$.
$\genfrac{}{}{0pt}{}{9}{7}$	Tierce, quinte, septième, neuvième.
$\genfrac{}{}{0pt}{}{9}{7}$	Tierce avec neuvième mineure, sur la dominante.
$\frac{10}{8}$ ou $\frac{3}{8}$ $\frac{11}{8}$ ou $\frac{4}{8}$	Chiffres employés par quelques auteurs, dont M. A. Charpentier, puis abandonnés comme trop compliqués.
$\genfrac{}{}{0pt}{}{7}{\genfrac{}{}{0pt}{}{9}{5}}$	Tierce mineure, quinte diminuée, septième mineure, neuvième mineure, sur la sensible.

Pour le cas où on avait affaire à des basses non chiffrées, les théoriciens donnaient des tableaux des accords à affecter à chaque degré. Voici, à titre d'exemple, la série très complète de Gervais (1733) :

MODE MAJEUR

Degrés ascendants	Accords	Degrés descendants	Accords
I	3, $\frac{6}{4}$, 2, $\frac{5}{2}$, $\frac{7}{2}$	VII	6, 2, 7
II	Petite sixte, 7, 9, $\frac{7}{9}$	VI	$\times$ 6, 2, 7 (1)
III	6, 7, $\frac{9}{7}$	V	3, 2

Degrés ascendants	Accords	Degrés descendants	Accords
IV	$\frac{6}{5}$, 7, 9, $\frac{9}{7}$	IV	$\frac{6}{5}$, $\frac{2}{4}$, 7
V	3, 7, $\frac{6}{4}$, $\frac{5}{4}$, $\frac{7}{4}$	III	6, 2, 7
VI	Sixte doublée, 7	II	Petite sixte, 7
VII	5, $\frac{7}{5}$	I	3

MODE MINEUR

I	♭, $6\flat\atop 4$, $6\flat\atop 2$, $\frac{5}{2}$, $7\times\atop 2$, $6\flat\atop 7\times$	♭ VII	Sixte doublée, 2, 7
II	6, $\frac{7}{5}$, $\frac{9}{5}$, $\frac{9}{5}$ (1)	♭ VI	6, 2, 2×, 7
III	6, $7\times\atop 5$, $9\atop{7\times\atop 5}$	V	×, $\frac{7}{\times}$, 2
IV	$\frac{6}{5}$, $\frac{7}{\flat}$, $\frac{9}{\flat}$, $9\atop{7\atop\flat}$	IV	4×, $4\times\atop\flat$, 7♭
V	×, $\frac{7}{\times}$, $\frac{6}{4}$, $\frac{5}{4}$, $\frac{7}{4}$	III	6, $4\flat\atop 2$, 7
♯ VI	Sixte doublée, 7	II	6, $6\times\atop 5$, $\frac{7}{5}$ (1)
♯ VII	5, 7	I	♭

Mais tout cela était bien compliqué. Vers la fin du XVIIe siècle, Maltot, de l'Académie royale de musique, avait inventé la règle d'octave, « cette boussole de l'accompagnateur », qui consiste dans les deux séries suivantes, l'une en majeur, l'autre en mineur.

(1) V. la note de la p. 109.

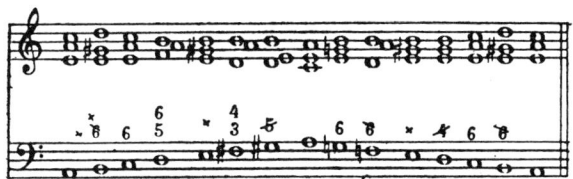

Les accords cités plus haut, petite et grande sixtes, sixte simple ou doublée, se trouvent à leur place dans ce paradigme, véritable bréviaire des compositeurs français. Le principal avantage de la règle d'octave, présentée dans les traités avec les trois positions de l'accord parfait, et même à quatre parties, est de donner d'avance la solution de tous les problèmes courants : on peut ainsi réaliser presque mécaniquement les basses peu, mal, ou non chiffrées. Bien entendu, quelque habile qu'on soit, il faut toujours voir la basse au moins une fois, pour le cas où l'auteur s'écarterait « de la route ordinaire de l'octave (1) ».

Les notes surmontées de plusieurs chiffres l'un à côté de l'autre portent plusieurs accords : « ceux

---

(1) Campion.

qui ont un peu de routine jugent de la durée qu'il faut leur donner par les notes longues et brèves de la partie chantante ; car ces accords ne sont faits que pour la suivre (1) ».

C'est une règle absolue, après avoir adopté une position de départ, de garder strictement les notes communes et de ne pas déplacer la main. Il est recommandé d'user du mouvement contraire pour éviter les fautes ; quant au mouvement semblable il ne faut s'en servir qu'avec ménagement.

Les octaves successives sont absolument prohibées entre la basse et le dessus ; quant aux quintes, les anciens étaient très tolérants à leur égard : ce n'est qu'une « légère licence » de faire deux quintes justes de suite. Saint-Lambert indique la méthode à suivre : « quoique deux quintes ou deux octaves soient défendues, on n'en fait pas scrupule quant on accompagne dans un grand chœur de musique où le bruit des autres instrumens couvre tellement le clavecin qu'on ne peut juger s'il fait des fautes ou s'il n'en fait pas. Mais quand on accompagne une voix seule, on ne peut s'attacher trop religieusement à la correction, surtout si on est seul à l'accompagnement, car tout paraît alors ».

Voici des exemples courants, qui feraient froncer le sourcil à plus d'un harmoniste actuel :

---

(1) Saint-Lambert.

On n'est pas obligé de faire un accord sur chaque note, surtout lorsque ce sont des croches ou doubles croches ; on ne le doit même pas si elles n'ont pas de chiffre, excepté si elles procèdent par mouvement disjoint, car alors on les accompagne toutes, quelque brèves qu'elles soient, sauf si un même accord convient à plusieurs d'entre elles. Quand les notes de basse se succèdent par degrés conjoints, on en accompagne une sur deux si ce sont des noires, ou une sur quatre si ce sont des croches, en vertu du principe qu'il ne faut pas changer un accord susceptible de convenir à plusieurs notes de basse successives. Très souvent on se contente de frapper un accord au commencement du temps ou de la mesure, et on ne s'inquiète pas des fautes d'harmonie qui résultent de la marche de la basse ; il suffit que les accords frappés s'enchaînent correctement ; « On ne conte que la 1re notte de chaque tems (2). »

---

(1) Le Bœuf.
(2) Bordier.

On évite ainsi d'offusquer la partie récitante par une multitude de notes d'échange.

Si une note de basse dure plusieurs mesures, il ne faut guère refrapper l'accord qu'au commencement de chaque mesure. La barre de prolongation d'un chiffre n'a pas d'interprétation fixe : tantôt il faut tenir l'accord sans le répéter, tantôt il faut le rebattre à chaque noire ou à chaque blanche.

Dans les airs vifs, on simplifie la réalisation. Si la basse procède par degrés conjoints, on se contente d'accompagner le premier temps ; on ne frappe que deux notes à la main droite, par exemple :

$$\begin{array}{cccccccccc} 4 & 5 & 6 & 7 & 8 & 9 & 5 & 6 & 7 & 8 & 9 \\ 2 & 3 & 4 & 5 & 6 & 7 & 4 & 4 & 4 & 4 & 4 \end{array}$$

Si on est très gêné on ne met que la tierce ; on peut aussi arpéger (1) :

(1) Delair.

En principe, les silences de la basse ne portent jamais d'harmonie ; les silences chiffrés sont très rares. Rameau donne l'exemple suivant, qu'il emprunte d'ailleurs à l'école italienne :

Basse de Corelli

Basse fondamentale

Il faut faire entendre l'harmonie pendant le silence pour préparer et sauver les dissonances. De même Framery indique que dans le chœur d'*Ernelinde* (1767) :

il faut faire des tierces sous les quatre premières croches.

Voici des exemples de progressions extrêmement embarrassants à réaliser si on ignore qu'il faut faire monter la septième et la neuvième « contre leurs routes ordinaires, ce qui n'est permis que lorsqu'il s'en trouve plusieurs de suite (1) ».

(1) Le Bœuf.

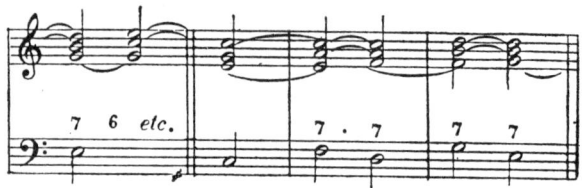

« Sur l'orgue on fait les liaisons ; mais sur le clavecin on refrappe à chaque temps les notes tenues (1). » En principe il faut frapper à la fois toutes les notes d'un accord, surtout dans les mouvements vifs et dans les ensembles. Mais l'ancienne tradition des luthistes persiste dans le récitatif et l'accompagnement de la voix seule : on arpège dans les airs tendres et gracieux, les ariettes italiennes, sur les notes longues, blanches ou rondes ; le goût décide de ces sortes d'arpégements. Rameau donne à ce sujet d'utiles renseignements : « Il faut que le doigt (de la main droite) qui frappe le premier, parte toûjours avec la basse, et que les autres se suivent, de façon qu'il semble que le tout soit ensemble ; quoique cela doive former une espèce

(1) Boyvin.

d'harpègement, comme quand on fait passer trois ou quatre triples croches l'une après l'autre avec vitesse. »

« On répète même plusieurs fois un même accord, arpégeant tantôt en montant et tantôt en descendant. Mais cette répétition, qui veut être bien ménagée, ne peut vous être enseignée ; il faut que vous la voyiez pratiquer à quelqu'un (1). »

On pratiquait d'autres agréments dans l'accompagnement, notamment la *cheule*, approuvée par Rameau, et dont Delair donne des exemples dans son traité d'accompagnement :

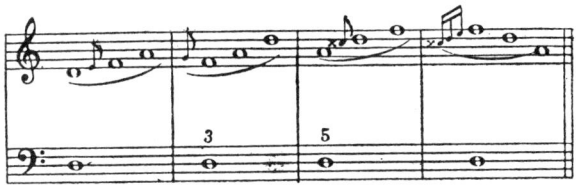

« Les croches qui sont entre ces rondes ne sont pas absolument nécessaires, n'étant que pour

---

(1) Saint-Lambert.

l'agrément ; aussi on ne les tient pas, et on ne les fait que passer (1). »

Le pincé peut se faire sur toutes les notes longues, excepté celles qui portent l'accord de septième diminuée ou ses renversements. Les tremblements font fort bien à la main gauche sur la sous-dominante et la sensible, sur le 6ᵉ degré du mode mineur en descendant, sur des notes longues portant $^6_5$ ou 5. « On peut soit sur l'orgue, soit sur le clavecin faire de temps en temps quelque tremblement ou quelque autre agrément soit dans la basse soit dans les parties, selon qu'on juge que les passages le demandent. On fait toujours un tremblement sur la note qui porte un accord doublé quand cette note est d'une valeur un peu considérable ; on en fait un sur la pénultième d'une cadence imparfaite (2) » :

L'usage des agréments donne lieu à des graphies énigmatiques. Soit :

(1) Delair, v. p. 87.
(2) Saint-Lambert.

puisqu'il faut soutenir l'*appui* du tremblement.

Le chiffrage de Clérambault, dans la *Coquette* :

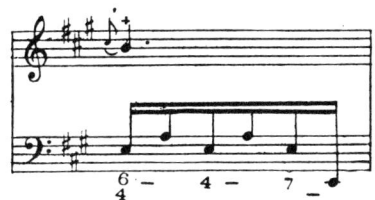

montre clairement que l'appui ne dure qu'une croche.

« Dans l'accompagnement où l'on ne peut faire que ce que la main peut exécuter suivant son étendue, on est obligé quelquefois de se donner certaines licences, parce qu'il se trouve des difficultés dans certaines basses continüés où la main ne peut pas faire quatre parties régulières comme dans une partition. Pourvu que l'harmonie soit complette, qu'on ménage bien les accords parfaits, qu'on accompagne les dissonances et qu'on les sauve régulièrement, l'oreille doit être contente (1). »

Les principales licences consistent à remplacer

(1) Boyvin.

6 par 7-6, $\frac{4}{3}$ ou $\frac{5}{6}$, à adjoindre une neuvième à une septième, à ajouter des dissonances sur la basse non chiffrée, en particulier l'accord de septième de dominante avant une cadence, et à garnir l'harmonie au moyen de notes de passage :

De même, aux cadences, il est licite de modifier ainsi le texte :

Le minutieux Saint-Lambert récapitule toutes les licences permises : « L'accompagnateur peut changer les accords prescrits aux notes, lorsqu'il jugera que d'autres y conviendront mieux.

« On peut sur une note de basse, d'une valeur un peu considérable, faire deux ou trois accords différents l'un après l'autre quoique le livre n'en demande qu'un, pourvû qu'on sente que ces accompagnemens quadreront avec la partie chantante.

« On peut au contraire se dispenser quelquefois

de faire tous les accords marquez dans le livre, quand on trouve que les notes en sont trop chargées.

« Au contraire quand les basses sont peu chargées de notes, et qu'elles traînent trop au gré de l'accompagnateur, il peut y ajoûter d'autres notes pour figurer davantage pourvû qu'il connoisse que cela ne fera point de tort à l'air et surtout à la voix qui chante.

« L'accompagnateur peut monter ou descendre toute sa basse d'une octave pendant plusieurs mesures de suite, soit pour se conformer davantage au caractère de la voix qui chante, soit pour s'accommoder à la qualité de son instrument qui souvent résonne mieux dans un endroit du clavier que dans l'autre, ou enfin pour dégager ou rapprocher ses mains.

« Si les voix sont très fortes et qu'on ne soit pas assez secondé par les autres instrumens du concert, on double les accords à la main gauche et on les rebat plusieurs fois de suite, si cela peut se faire sans altérer la mesure ni défigurer l'air. On en use ainsi toujours dans les chœurs.

« On peut imiter le sujet et les fugues de l'air, mais cela demande une science consommée, et il faut être du premier ordre pour y réüssir.

« Il faut sçavoir bien se conformer au caractère des voix qu'on accompagne et à celuy des airs qui sont chantez, entrant même dans l'esprit des parolles, et n'animant point l'accompagnement quand la chanson parle de *Foiblesse* et de *Langueur*, et au contraire, ne le laissant point traîner quand l'acteur s'anime et s'emporte, qu'il parle de *Couroux*, de *Vengeance*, de *Rage*, de *Fureur*. »

Saint-Lambert met bien en valeur le caractère de spontanéité et d'improvisation de l'accompagnement, obligé de s'adapter, à chaque exécution, à la nature différente des voix et des instruments. C'est un point à ne pas perdre de vue dans les exécutions de musique ancienne.

Ceci posé, et pour montrer que les anciens Français n'avaient pas peur d'harmonies hardies, voici un exemple pris dans les *Règles d'accompagnement* de Couperin (1).

(1) Ms. fr. n. a. 4673.

D'une manière générale, en dehors des récitatifs et de circonstances exceptionnelles, on réalisait fort sagement, ce que prouvent les fragments contenus dans les traités, et deux sonates entièrement écrites par Corrette ; en voici quelques mesures comme spécimen :

Au total, tout se réduisait à mettre en valeur la partie récitante. Voici des extraits qui résumeront et confirmeront tout ce qui a été dit :

« Il ne faut point faire de passages (1) ny de manières de chants recherchez, sur la basse continüe, mais lier et tenir les parties sans les beaucoup remuer. Il ne faut point accabler de parties (2) les récits mais soulager les voix foibles en ne faisant pas les parties si hautes et même n'en faisant que trois quelquefois si la voix du récitant est extrêmement juste et tendre (3). »

« Il faut conformer son accompagnement au caractère des voix et à celui des *Airs :* entrant dans l'esprit des *Paroles*, ou de la seule expression de l'*Air*, s'il n'y a point de paroles : il faut proportionner également cet accompagnement à la force des voix, ou des instruments ; de sorte qu'on ne les étouffe point par un grand bruit, ou qu'on ne les soûtienne pas assez par le contraire ; pouvant doubler de la main gauche les accords que l'on touche de la main droite, en exceptant les dissonances de cette règle, ou pouvant retrancher des accords les octaves (4), ou même certaines dissonances, selon le cas. Quand le son du clavecin ou du théorbe se perd, l'on peut répéter un même

---

(1) Traits divers. M. A. Charpentier, dans ses Règles d'Accompagnement, dit de même : « Point d'ambition de faire paraître la vitesse des mains ; ceux qui font tant de fracas, qui leuent les mains, pour assommer leur clavier sont incapables de bien accompagner. Quand la voix se repose, le brillant de la main peut paraître sans choquer le bon sens. »
(2) Harmoniques.
(3) Nivers.
(4) Redoublements à l'octave.

accord, faisant en sorte que ce soit plutôt sur le premier temps de la mesure, que sur aucun autre, et avec la dernière syllabe d'un mot ; car cette répétition faite au milieu d'un mot, ou même au milieu d'une phrase, pourroit empescher souvent d'en entendre le sens (1). »

« Il y a une proportion nécessaire à observer entre l'accompagnement, le caractère de la musique, et la nature des voix et des instrumens. Lorsque le chant est doux, lorsque la voix ou l'instrument rendent un son foible, l'accompagnateur doit simplifier les accords, adoucir les sons, arpéger délicatement, enfin ne point couvrir la partie principale. Le goût et le jugement proscrivent surtout les traits de chant, les roulades, les bizarreries qu'un accompagnateur jaloux de faire admirer la légèreté de ses doigts, substitue mal à propos à une harmonie simple, mais raisonnée. Si dans les vuides du chant, et au deffaut des instrumens de dessus, on veût faire entendre dans l'accompagnement de basse quelques traits, il faut que ce passage ne sorte point du caractère du sujet ; il seroit même à désirer que ce ne fût qu'une imitation, ou même une répétition du chant principal (2). »

L'Encyclopédie reprend à son compte la vieille

---

(1) Rameau.
(2) Lacombe (1761).

tradition de l'école française : « Il faut toujours proportionner le bruit au caractère de la musique : dans un chœur, on frappe les accords pleins de la main droite et l'on redouble l'octave ou la quinte de la main gauche et quelquefois tout l'accord. Au contraire, dans un récit lent et doux, quand on n'a qu'une flûte ou qu'une voix faible à accompagner, on retranche des sons, on les arpège doucement, on prend le petit clavier. On a toujours l'attention que l'accompagnement qui n'est fait que pour soutenir et embellir le chant, ne le gâte et ne le couvre pas. Quand on a à refrapper les mêmes touches dans une note longue ou une tenue, que ce soit plutôt au commencement de la mesure ou du temps fort que dans un autre moment : en un mot il ne faut rebattre qu'en bien marquant la mesure. Rien n'est si désagréable que ces traits de chant, ces roulades, ces broderies que plusieurs accompagnateurs substituent à l'accompagnement. Ils couvrent la voix, gâtent l'harmonie, embrouillent le sujet, et souvent ce n'est que par ignorance qu'ils font les habiles mal à propos pour ne pas savoir trouver l'harmonie propre à un passage. Le véritable accompagnateur... accompagne simplement. Ce n'est pas que dans certains vuides on ne puisse au défaut des instrumens placer quelque joli trait de chant ; mais il faut que ce soit bien à propos, et toujours dans le caractère du sujet. »

Encore en 1786, Cléret, qui rabâche les recettes de Saint-Lambert et de Delair, blâme ceux qui « veulent briller par dessus les concertans, chargent les basses continues de passages, figurent (1) l'accompagnement, ce qui ne sert qu'à montrer l'habile vanité du musicien qui les produit (2) ».

★

Aujourd'hui, en réalisant pour le seul piano les basses chiffrées des pièces anciennes, on prend le contrepied de la tradition : la basse était exécutée par des instruments à archets, auxquels on adjoignait des instruments susceptibles d'émettre des harmonies : luths, théorbes, clavecins, orgue (3).

La mention courante : *sonate à violon seul et basse continue* désignait en réalité un trio : le violon, le clavecin, la viole grave ou le violoncelle. C'est à tout moment (4) qu'en plein milieu d'un morceau

---

(1) Mettent trop de notes.
(2) L'auteur de la *Lettre à Julie* (1780) reste aussi dans le droit fil de la tradition, plus que centenaire : « Lorsqu'on joue une basse chiffrée, on doit tenir l'harmonie la plus concentrée qu'il est possible. Il faut accompagner avec la plus grande simplicité. Tâchez de proportionner votre forte et votre piano à la qualité de voix que vous accompagnez ; si vous prétendez vouloir briller, vous ne ferez qu'une confusion. Quand vous accompagnerez un *allegro,* vous ne devrez accompagner que la première note de chaque grouppe, composé de quatre doubles croches ; mais dans les andantes et les *adagios,* on doit accompagner chaque note qui marque un temps distinct.
(3) Par exemple la réalisation des basses de Lully était confiée à des violes graves, soutenues par le clavecin et des théorbes.
(4) V. le IIIe Livre de sonates de Leclair, le IIe de Rebel, etc.

la portée de basse se dédouble en une portée sans chiffre — celle de la basse d'archet — et la portée habituelle de la basse chiffrée. Quand la basse d'archet à fini de faire une partie distincte, sa portée disparaît, et elle continue sa lecture sur la basse chiffrée.

On comprend alors pourquoi les basses de tant de pièces sont si gauches et si rebelles à l'exécution intégrale au clavier ; en effet : « quand la mesure est si pressée que l'accompagnateur n'a pas la commodité de joüer toutes les notes, il peut se contenter de joüer et d'accompagner seulement la première note de chaque mesure, laissant aux basses de viole ou de violon à jouer toutes les notes, ce qu'elles peuvent faire beaucoup plus aisément, n'ayant pas d'accompagnement à y joindre. Les grandes vitesses ne conviennent pas aux instruments qui accompagnent, c'est pourquoy on peut ne toucher que les notes principales, c'est-à-dire les notes qui tombent sur les principaux temps de la mesure (1) ».

Le jeu des violistes, dans l'accompagnement, n'était pas arbitraire : Jean Rousseau, en 1687, avertit que dans ce cas « il faut employer un jeu lié avec de grands coups d'archet se succédant sans interruption comme un tuyau d'orgue, non pas

(1) 1er et 2e temps à la mesure de 2 temps ; 1er et 3e à 3 temps ou à 4 temps (Saint-Lambert).

par sauts et par bonds et avec des coups d'archet secs et entrecoupez (1). Il faut suivre la manière de faire de la voix, ses nuances, ses agrémens. Quand l'accompagnement de la viole, qui est le fondement de l'harmonie, est trop faible, le concert ne fait pas son effet ».

L'avertissement de La Barre, dans ses *Pièces pour flûte traversière* (1703) est instructif : « On peut jouer seul la plus grande partie de ces pièces ; lorsqu'on voudra le faire en partie, il faudra prendre absolument une basse de viole et un théorbe ou un clavecin, ou les deux ensemble ; mais je crois que le théorbe est à préférer au clavecin, car il me semble que le son des cordes-à-boyau convient mieux avec le son de la flute traversière que celui des cordes-de-laton (2) ».

Quand des instruments jouent sous la voix les anciens se montrent fort pointilleux : ils exigent qu'on entende le chant sans effort.

Bacilly recommande de garder l'accompagnement très doux sous la voix : « de tous les instru-

(1) Ce qui condamne la prétendue tradition du « jeu sec » applicable à toute œuvre ancienne.
(2) Il ajoute : « Je crois encore être obligé de dire que ne j'ay donné de noms à ces pièces que parce qu'il y en a plusieurs de la même espèce, et que j'ay tiré ces noms ou de personnes à qui elles ont eû le bonheur de plaire, ou des endroits où je les ay faites, sans prétendre par ces noms marquer leur caractère en aucune manière. » **Au contraire** Couperin, dans les Pièces de Clavecin de 1713 : « J'ai toujours eu un objet en composant toutes ces pièces ; des occasions différentes me l'ont fourni, ainsi les titres répondent aux idées que j'ay eûes ; on me dispensera d'en rendre compte. »

mens, ceux qui sont à présent (1679) le plus en usage pour soutenir la voix, c'est le clavessin, la viole, et le théorbe ; car pour le liu (luth) on ne s'en sert plus ; la viole mesme et le clavessin n'ont point la grâce, ny la commodité qui se rencontrent dans le théorbe qui est propre pour accompagner toutes sortes de voix quand ce ne seroit que par la seule raison de sa douceur, qui s'acomode aux voix foibles et délicates, au lieu que les autres instruments les offusquent ».

Garcin de Cottens en 1772 exige qu'aux ritournelles l'orchestre joue à plein jeu, puis à mi-son sous la voix. Dans l'*Etat de la musique du roi* (1773) l'auteur s'élève contre ces accompagnemens chargés et confus au travers desquels la voix la plus forte a de la peine à se faire entendre. On a grand soin, dit-il, de faire cesser dans les *concerto* le grand bruit de la symphonie lorsqu'un instrument joue seul. Pourquoi n'a-t-on pas la même complaisance à l'égard d'une voix ? Peu de gens veulent s'appercevoir en France, que la musique italienne que l'on y cherche à imiter et que l'on imite si mal, est d'une facture si simple et si peu chargée de notes, que deux cents instrumens qui composent un orchestre, laissent parfaitement bien entendre la plus petite voix dans le plus vaste édifice. »

Quand la partie principale se trouve au clavecin, c'est aux autres instruments à se modérer : Guillemain, dans ses Pièces de Clavecin avec Violon, remarque que le violon a tendance à couvrir un peu trop le clavecin, ce qui empêche de distinguer le véritable sujet : « la partie de violon demande une grande douceur dans l'exécution, afin de laisser au clavecin seul la facilité d'être entendu ». De même Mondonville, dans l'avertissement de ses Pièces de Clavecin avec voix ou Violon (op. V) déclare : « lorsque la voix, le violon et le clavecin seront réunis (ce qui est possible entre deux personnes) il faudra proportionner le son de la voix et du violon à celui du clavecin, afin qu'on entende distinctement chaque partie ».

PARTICULARITÉS DIVERSES

Quand on veut consulter les éditions anciennes, il est bon d'être au courant de quelques particularités. Tout d'abord il ne faut pas s'étonner de trouver cinq dièses en la majeur — ou deux dièses en sol majeur — par suite de l'habitude, assez logique, étant donné que la cantilène ne sortait presque jamais des limites de la portée (1) d'écrire les accidents à toutes les places qu'ils pouvaient occuper. En vertu du même principe, on les répétait autant de fois qu'il était nécessaire. Dans le texte suivant :

le deuxième do est bécarre. On remarquera la forme du dièse, très usuelle. Il s'ensuit qu'en théorie le bécarre est inutile ; on le rencontre cependant fréquemment, jouant le rôle « d'accident de précaution ». Il est d'ailleurs souvent remplacé par le bémol, qui, baissant la note d'un demi-ton,

(1) D'où l'usage courant de la clef de sol 1re ligne, de toutes les clefs d'ut, de la clef de fa 3e ligne, pour cadrer avec l'étendue des diverses voix.

annule directement le dièse ; dans l'exemple ci-dessus le second do pourrait être précédé d'un bémol.

Mais il y a plus : « quand une note qui demande une cadence est précédée ou suivie immédiatement ou à peu près d'une note marquée d'un bémol, il faut appuyer et trembler la cadence sur le semi-ton (1) ». Il en est de même pour le bécarre ou le dièse.

Dans la réalisation de la basse chiffrée, il faut de même éviter certaines méprises. Supposons qu'en Ut majeur on emploie l'accord de sol mineur, et que cet accord doive se répéter tout de suite ou après une brève interruption, il faut continuer à user du si bémol jusqu'au bécarre ou au dièse qui le détruira :

(1)-(2) Rousseau.
(3) Saint-Lambert.

Il en serait de même avec un dièse. Si une note de basse subit une altération, et qu'un peu après ou avant elle entre dans la réalisation, il faut lui donner l'altération qu'elle a à la basse. Cette règle a de fréquentes applications dans les mouvements de tierce ou de sixte ; « on pèche souvent contre elle, faute d'attention (1) ».

★

Quand les mesures ₵ et $\frac{3}{2}$ sont intercalées, les blanches, dans les deux cas, gardent la même valeur. Voici d'autres cas qu'il est utile de connaître :

A) « Prologue de Roland :

« Une noire de la mesure à 3 temps (A) doit durer aussi longtemps qu'une blanche de B. « Il

(1) Saint-Lambert.

auroit été mieux que cette mesure eust été écritte avec une blanche et quatre noires. »

B) « On trouve assez souvent dans les airs de symphonies trois blanches pour une mesure de $^6_4$ ou pour deux mesures de $^3_4$:

« Ces sortes d'endroits se doiuent battre et se doiuent exécuter comme si la mesure étoit $^3_2$ en obseruant la mesure durée des nottes, c'est-à-dire que ces trois blanches doiuent durer autant que six noires de $^6_4$ ou de $^3_4$ et qu'il les faut battre à $^3_2$.

« On trouue aussi trois noires pour deux mesures de $^3_8$ il les faut battre en trois simples en obseruant de les faire durer la ualleur de six croches (1). »

RESPIRATION

Les anciens insistent fréquemment sur la nécessité de respecter la ponctuation musicale, qu'ils indiquent par une virgule (2), un c, un h̊. Le flûtiste Blavet place l'avertissement suivant en tête de son op. II : « J'ai toujours remarqué dans les écoliers de la difficulté à reprendre la respiration à

(1) Brossard.
(2) Notamment Couperin.

propos, en sorte qu'ils confondent le plus souvent une frase avec l'autre, ou ils interompent un chant, qui doit être passé tout d'une haleine. Pour éviter cette confusion, j'ay imaginé de mettre la lettre h dans les endroits où on doit respirer, surtout dans les morceaux de chant, comme les rondeaux ou autres petites pièces de caractère dont toutte la grâce dépend de l'arangement des frases, de la netteté et de la précision que l'on ne peut trouver sans respirer à son aise et dans les vrais repos. »

Brijon prend naturellement le chant pour modèle et exige aussi un bon phrasé. Il indique les fins de phrase par une virgule double :

Vion répète la théorie : « nous avons dans la musique des endroits pour reprendre haleine, et ne pas joindre la fin d'une phrase avec le commencement d'une autre, ce qui rendroit le chant dur et inintelligible. Le beau chant, et la musique bien dessinée, doivent ressembler à une belle pièce de vers, où le repos et l'hémistiche se font sentir ».

POINT D'ORGUE

Le point d'orgue indique, soit les notes sur lesquelles il faut demeurer longtemps, soit la fin d'une pièce, par exemple après un *da capo*. Choquel note bien la différence entre l'école italienne et l'école française : « le musicien qui arrive à la note sur laquelle seroit la cadence simple suivant le goût françois, se répand par des différens tours de gosier et des tourbillons de voix, remplis d'une infinité de notes perdues qui forment des accords singuliers avec la basse fondamentale, qui est toujours la quinte du mode dans lequel on chante. Il est rare qu'on fasse des points d'orgue dans nos musiques latines, on n'en fait jamais dans les françoises, du moins jusqu'à aujourd'hui (1) ; je ne sçai si le goût pourra changer, les Italiens excellent dans cette sorte d'agrément ».

SYNCOPE

« La syncope doit se faire sentir comme s'il y avoit deux notes, mais d'un seul coup d'archet, en observant d'appuyer un peu plus l'archet sur la deuxième partie de la note, » dit encore Durieu

(1) 1759.

en 1796, fidèle écho de la tradition française (1). Corrette donne la raison : « on donne un peu plus de force sur la seconde note (2) pour faire sentir la dissonance qui se trouve toujours au-dessus ».

LE DIAPASON

Voici les résultats de diverses mesures effectuées par Sauveur et d'autres :

Diapason de l'Opéra : en	1699	808	vibrations
— —	1700	810	—
— —	1702	820	—
— —	1704	810	—
— —	1713	811	—
— —	1715	810	—
— —	1810	846	—
— la Chapelle : en	1780	818	—

Le diapason de 1699 est donc plus bas d'un demi-ton majeur que le la normal de 870 vibrations. Par contre « le ton de Chapelle est ordinairement plus haut que celui de la Chambre et de l'Opéra (3) » assertion confirmée par Montéclair (1737) et J.-J. Rousseau.

Faute de documents, on ne peut savoir en quoi

---

(1) Cette manière de faire disparut vers 1800 sous l'influence de l'école italienne.
(2) Lorsque la syncope se compose de deux notes liées, ce qui est très fréquent.
(3) Méthode de musique de 1728.

consistait précisément la différence. Mais, au milieu du xviiie siècle, Bollioud de Mermet se plaint déjà de l'élévation du diapason, qui tend à l'excès les cordes et les voix (1).

REPRISES

Du temps de Lully et au commencement du xviiie siècle on trouve de fréquentes indications de reprises : il arrive parfois qu'on répète même les refrains des rondeaux ; de toute façon la *petite reprise*, qui oblige à recommencer les dernières mesures de la dernière reprise est des plus usitée.

« L'allemande a deux reprises qu'on joüe chacune deux fois » dit Brossard, parlant de la pratique courante, dont Chastellux donne la raison : « Il ne faut pas croire que ce soit une chose de simple usage que de jouer deux fois la première et la seconde partie d'un *allegro* ou d'une *andante*. La première fois qu'on joue une de ces parties, l'oreille se contente de faire connoissance avec elle. La seconde fois elle la connoit et en jouit. Or la seconde partie d'un morceau de symphonie n'étant que la répétition ou l'imitation de la première, l'auditeur a encore le plaisir de retrouver le chant qu'il a entendu et de le suivre dans une autre modulation ».

(1) A la même époque. Quantz trouve le diapason français très bas.

On a vu qu'on variait les reprises des mouvements lents, pour éviter la monotonie ; dans les allegros, Quantz conseille de jouer la reprise plus vite pour exciter l'attention. Mais il y avait longtemps qu'une réaction se dessinait : La bibliothèque de Versailles possède une partition des Amours des Dieux de Mouret, corrigée par lui-même et qui porte la mention : *pour la mesure*. Les reprises y sont presque partout effacées. Plus tard l'abus de l'air à *da capo* provoque des protestations dont on trouve un écho dans le Journal de Musique de 1774 : « M. Gregory s'élève, comme M. Algarotti et tous les gens de bon sens, contre l'habitude aveugle de placer un *da capo*, même à la fin des airs où cette répétition produit un contre-sens. » Grétry résume l'opinion de son temps :

« Je vois presque toute la musique instrumentale assujettie à des formes usées qu'on nous répète sans cesse, et je voudrois qu'un homme de génie s'en écartât. *Hüllmandel*, un des plus parfaits compositeurs de ce genre, fut, je crois, le premier qui lia les deux parties de ses sonates, de sorte qu'elles ne se répétoient point servilement ; un passage intermédiaire y lie souvent les deux parties pour n'en faire qu'un tout.

« Une sonate est un discours, Que penserions-nous d'un homme qui, coupant son discours en deux, répéteroit deux fois chaque moitié ? » J'ai été chez vous ce matin ; oui, j'ai été chez vous ce matin, pour vous parler d'une affaire, pour vous parler d'une affaire. « Voilà à-peu-près l'effet que me font les reprises en musique, et ne confondons point les reprises inutiles, avec un joli trait trois ou quatre fois reproduit, ou les reprises des petits airs d'un chant tout aimable ; car de même que l'on dit dix fois *je t'aime* à sa maîtresse, on peut, sans doute, répéter un trait de chant expressif ; je parle sur-tout des reprises longues qui forment la moitié d'un discours. Les reprises pouvoient être bonnes à la naissance de la musique, quand l'auditoire ne comprenoit tout au plus qu'à la seconde fois. Je sais qu'un discours est souvent divisé en deux parties, mais, sans doute, on ne les répète pas chacune deux fois. Il y a aussi des discours qui sont divisés en plus de deux parties ; c'est ce qu'il faut imiter. »

LA DOUCEUR FRANCAISE

Les démêlés entre la musique française et la musique italienne sont des plus instructifs, parce que les défauts — plus que les qualités — de chaque camp sont vus par leurs adversaires à travers les verres grossissants du parti pris. Pour bien situer le débat, il est indispensable de citer un précieux texte (1637) du P. Mersenne : « Nos chantres (1) s'imaginent que les exclamations et accents dont les Italiens usent en chantant, tiennent trop de la tragédie ou de la comédie, c'est pourquoy ils ne veulent pas les faire, quoi qu'ils deussent imiter ce qu'ils ont de bon et d'excellent, car il est aisé de tempérer les exclamations, et de les accomoder à la douceur françoise... Les Italiens représentent avec une violence étrange la passion (cholère, fureur, dépit) au lieu que nos Français se contentent de flatter l'oreille, et qu'ils usent d'une douceur perpétuelle dans leurs chants ; ce qui en empêche l'énergie. »

En 1639, Maugars, le violiste, bien placé pour donner un avis valable, trace d'un seul trait de plume la différence entre l'art français et l'art italien, dont la comparaison fera couler tant d'encre jusqu'à la Révolution : « J'ai observé, en général, que nous péchons dans le défaut, et les Italiens dans l'excès. »

Voilà, nettement posée, la différence des deux tempéraments nationaux ; tous les documents postérieurs vont la confirmer. Saint-Evremond écrit, dans sa lettre au duc de Buckingham : Après que les Français ont, par une longue étude, surmonté toutes les difficultés, et « qu'ils viennent à posséder

(1) Chanteurs.

bien ce qu'ils chantent, rien n'approche de leur agrément. Il leur arrive la même chose avec les instruments, et particulièrement dans les concerts, où rien n'est bien sûr, ni bien juste, qu'après une infinité de répétitions ; mais rien de si propre et de si joli, quand les répétitions sont achevées. Les Italiens, profonds en musique, nous portent leur science aux oreilles, sans douceur aucune ; les Français ne se contentent pas d'ôter à la science la première rudesse qui suit le travail de la composition ; ils trouvent, dans le secret de l'exécution, comme un charme pour notre âme, et je ne sais quoi de touchant qu'ils savent porter jusqu'au cœur (1).

Raguenet dit de même en 1702 : « Nos violons sont au-dessus de ceux d'Italie pour la finesse et la délicatesse du jeu... Les Italiens trouvent que notre musique berce et qu'elle endort, qu'elle est même, à leur goût, très plate et très insipide. Les Français, dans les airs qu'ils font, cherchent par

---

(1) Il ajoute ailleurs : « Les Italiens ont l'expression outrée, pour ne pas connaître avec justesse la nature et le degré des passions. C'est éclater de rire plutôt que chanter lorsqu'ils expriment quelque sentiment de joie. S'ils veulent soupirer, on entend des sanglots qui se forment dans la gorge avec violence, non pas des soupirs qui échappent secrètement à la passion d'un cœur amoureux. D'une réflexion douloureuse, ils font les plus fortes exclamations ; les larmes de l'absence sont des pleurs de funérailles ; le triste devient lugubre dans leur bouche ; ils font des cris au lieu de plaintes dans la douleur ; et quelquefois ils expriment la langueur de la passion comme une défaillance de la nature. »

dessus tout le doux, le facile, ce qui se coule, ce qui se lie... Les Français flattent l'oreille, les Italiens la violentent. ...Les violons sont montés de cordes plus grosses (en Italie) que les notres, ils ont des archets beaucoup plus longs et ils savent tirer de leurs violons une fois plus de son que nous. Pour moi, la première fois que j'entendis l'orchestre de l'Opéra à mon retour d'Italie, l'idée de la force de ces sons qui m'étoit encore présente, me fit trouver ceux de nos violons si foible, que je crus qu'ils avoient tous des sourdines (1). »

L'auteur anonyme de la *Dissertation* (1754) confirme la citation précédente : « Je dis à M. Guignon (2) qu'il n'avoit rien à apprendre en France ; il me répondit que les François avoient une délicatesse que les Ultramontains n'avoient pas. »

★

En effet, un trait dominant de la musique française est la douceur. La tradition remonte au moyen âge ; le P. Mersenne l'enregistre, et Lully prête à la Musique française, dans le dialogue entre cette

---

(1) Peu à peu cette différence disparut.
(2) Le fameux violoniste.

dernière et la Musique italienne (1), les paroles suivantes :

> La manière dont je chante
> Exprime même ma langueur ;
> Quand ce mal touche le cœur,
> La voix est moins éclatante.

Le poète anonyme de la *Musique* dit de même en 1714 :

> La musique française a l'heureux avantage
> De n'enfanter jamais un son dur, ou sauvage,
> La douceur et la grâce accompagnent ses chants.
> Ils sont tendres, flatteurs, expressifs et touchants (2).

Fréron, faisant allusion aux difficultés de la musique moderne de son temps, ainsi qu'à l'influence italienne écrit en 1749 : « On s'accoutumoit à voir danser les bergers sur des airs de Démons ; on souffroit une déclaration d'amour précédée ou soutenue de préludes et d'accompagnemens effrayans... La musique n'étoit plus faite pour le cœur ; on la réduisait au seul mérite d'étonner les oreilles. Les acteurs ne chantoient plus ; ils étoient forcés de glapir. On cessoit de prononcer et d'articuler : avantage pour les mauvais rimeurs. On

---

(1) Ballet de la Raillerie, 1659. Texte cité par M. P. M. Masson.
(2) On s'explique mieux pourquoi « le ton élevé et le son éclatant du violon ne sentent du tout point sa personne de qualité ni une éducation noble ». H. Le Blanc, qui reprend ailleurs cette idée : « Le dur de la mélodie du violon contre le tendre de la viole... »

se dissimuloit son ennui ; on s'en dédommageoit par un faux air de science supérieure, par une profonde connoissance des choses difficiles, comme si le difficile divertissoit ; on pensoit avoir entendu de la musique italienne, qui est admirable en son genre. Nous allions donc renoncer à être François, abjurer notre patrie pour adopter des accens incompatibles avec la douceur et la sagesse de notre langue, et totalement opposée à la tendresse de nos sentimens. »

En 1767, Blainville, après avoir constaté « qu'on ne peut disputer à la Nation françoise d'avoir de très belles voix en tous genres, » ajoute, à propos du monologue d'Armide : « nous pleurons sans crier, sans faire voir nos acteurs entrer en fureur comme des Bacchantes ou les entendre crier comme des crocheteurs de Venise ».

Élégant, distingué, chaleureux sans outrances, tel est l'art français du XVIIIe siècle.

LES NOTES INÉGALES

C'est un usage spécifiquement français, attesté dès 1550 (1). De 1650 à 1800, plus d'une trentaine d'auteurs en parlent avec détails : voici d'abord le **texte de Loulié** : (1696)

(1) Bourgeois, le Droit chemin de Musique.

« Dans quelque mesure que ce soit, particulièrement dans la mesure à 3 temps, les demy temps s'exécutent de deux manières différentes quoy que marquez de la même manière :

« 1° On les fait quelquefois égaux. Cette manière s'appelle *détacher les nottes* (1), on s'en sert dans les chants dont les sons se suivent par *degrez interrompus* (2) ;

« 2° On fait quelquefois les premiers demy temps un peu plus longs. Cette manière s'appelle *lourer*. On s'en sert dans les chants dont les sons se suivent par *degrez non interrompus* (3).

« Il y a encore une troisième manière où l'on fait ce premier demy temps beaucoup plus long que le deuxième, mais le premier demy temps doit avoir un point. On appelle cette troisième manière *piquer ou pointer* (4).

En 1702, on trouve dans Saint-Lambert le passage suivant, relatif aux suites de croches : « On a coutume d'en faire une longue et une brève successivement parce que cette inégalité leur donne plus de grâce... Cependant cette inégalité ne s'observe pas dans les pièces dont la mesure est à quatre

---

(1) Remarquer les particularités du vocabulaire musical à cette époque.
(2) Disjoints.
(3) Conjoints.
(4) Par la suite *piquer, pointer, marteler, passer* sont devenus synonymes de *lourer*.

temps : comme par exemple, dans les allemandes, à cause de la lenteur du mouvement. Alors l'inégalité retombe sur les doubles croches, s'il y en a.

« Dans les pièces dont le mouvement est à trois temps lents, s'il se trouve plusieurs noires de suite, on les inégalise comme les croches (v. le duo de *Phaéton* : Hélas ! une chaîne...). Hors de ces occasions toutes les notes d'une même valeur se passent également.

« Quand on doit inégaliser les notes, c'est au goût à déterminer si elles doivent être peu ou beaucoup inégales : il y a des pièces où il sied bien de les faire fort inégales, et d'autres où elles veulent l'être moins ; le goût (1) juge de cela comme du mouvement. »

Tout ceci explique l'observation de Couperin dans l'*Art de jouer du clavecin* : « Nous écrivons différemment de ce que nous exécutons, ce qui fait que les étrangers jouent notre musique moins bien que nous ne fesons la leur. Au contraire, les Italiens écrivent leur musique dans les vrayes valeurs qu'ils l'ont pensée. »

En 1775, Engramelle, minutieux scrutateur des durées qu'il s'efforçait de reproduire avec précision sur ses *serinettes* (boîtes à musique), dit expressément que la musique écrite n'indique pas si la

---

(1) C'est toujours le juge infaillible.

différence des notes inégales est de la moitié, du tiers ou du quart. On leur donne tantôt les valeurs 3/4 et 1/4, tantôt 2/3 et 1/3, tantôt 3/5 et 2/5 (ces dernières valeurs dans beaucoup de menuets), tantôt même 7/12 et 5/12 : « Il est bien des endroits où les inégalités des notes varient dans le même air ; c'est au bon goût seul à apprécier cette variété dans ces inégalités ; quelques petits essais feront rencontrer le bon et le meilleur ou pour l'égalité ou pour l'inégalité ; l'on verra qu'un peu plus ou un peu moins d'inégalité dans les notes change considérablement le genre d'expression d'un air. »

En d'autres termes :

s'exécutait *à peu près* ainsi : (1).

Ceci posé, voici le tableau des notes à « passer » inégalement dans chaque espèce de mesure :

---

(1) Exemple de Montéclair.

Mesures	Notes inégales
$\frac{3}{4}$	Blanches
$\frac{3}{2}$	Noires ou croches blanches
2, 3, $\frac{3}{4}$, $\frac{6}{4}$, $\frac{9}{4}$, $\frac{12}{4}$	Croches
¢ $\frac{2}{4}$, $\frac{3}{8}$, $\frac{4}{8}$, $\frac{6}{8}$, $\frac{9}{8}$, $\frac{12}{8}$	Doubles croches (1)
$\frac{3}{16}$, $\frac{4}{16}$, $\frac{6}{16}$, $\frac{9}{16}$, $\frac{12}{16}$	Triples croches

Au signe de ¢, il faut distinguer : Brijon dit que si ¢ représente deux temps lents, les croches sont inégales ; mais si ¢ est battu à quatre temps vifs — c'est-à-dire s'il y a beaucoup de doubles croches — les croches sont égales et les doubles croches inégales. Montéclair insiste sur cette particularité : « Les maîtres emploient indiféramment ce signe pour les mouvemens lents et les mouvemens légers. Les croches y sont quelquefois égalles et quelquefois inégalles, cette irrégularité fait qu'on ne sauroit donner de règle certaine là-dessus, et qu'on est obligé de consulter le caractère de la pièce pour prendre son parti. » Il ne faut pas oublier en outre que ¢ est souvent employé dans les récitatifs, où l'effet de certaines règles est suspendu.

Il faut bien distinguer la mesure 3, française, où les croches sont inégales, de la mesure 3, italienne, dans laquelle les valeurs ne sont pas altérées ; mais, par suite de la négligence des composi-

---

(1) A $\frac{2}{4}$ de très rares auteurs font les **croches inégalles**.

teurs, ces mesures sont souvent prises l'une pour l'autre. Corrette précise : « à 3 ou à 3/4 les croches sont égales en Italie, inégales en France comme dans la Chaconne de *Phaéton* de M. de Lully ». De même Montéclair : « Dans le 3 les croches sont souvent inégales surtout dans les airs de violon où la première doit être presque aussi longue que si elle était pointée . »

La règle des notes inégales a été ainsi formulée : « On fait inégales toutes les notes de moindre valeur que celles qui sont indiquées par le chiffre inférieur. Excepté 2/4 où on ne fait inégales que les doubles et triples croches ; à 3/2 on fait inégales les noires, croches, doubles et triples ; à $\frac{3}{4}$, $\frac{6}{4}$, $\frac{9}{4}$, $\frac{12}{4}$ on fait les croches, doubles et triples inégales ; à $\frac{3}{8}$, $\frac{6}{8}$, $\frac{9}{8}$, $\frac{12}{8}$ on fait les doubles et triples inégales (1). »

Beaucoup de théoriciens admettent en effet que les espèces de notes inférieures aux notes inégales sont elles aussi inégales.

Mais il existe une autre opinion, soutenue par un nombre égal d'auteurs (2) : « Lorsque dans un chant il y a des notes de moindre valeur que celles qui sont prescrites inégales par le genre de mesure dans lequel est ce chant, alors comme ces notes de moindre valeur doivent être inégalles, celles qui

---

(1) Duval (1764) etc.
(2) C'est une des très rares contradictions qu'on relève dans la tradition française.

par la nature de la mesure devaient l'être deviennent égalles. Ainsi dans un chant donné dont la mesure est à 3/2 (et où il n'y a pas de noires) si l'on a employé les doubles croches, alors les croches deviennent égalles. Par la même raison dans toutes les mesures où les doubles croches devraient être inégalles, elles deviennent égalles, lorsque le chant porte des triples croches ; la même chose a lieu avec les triples croches (1). » Corrette donne un renseignement utile : « à 3 on fait les croches inégales, mais on les joue quelquefois égales quand il y a des doubles croches, ce qu'on peut voir dans la passacaille d'*Armide* de M. de Lully et dans la chaconne des *Indes galantes* de M. Rameau ».

Actuellement, faute de savoir à quel groupe de théoriciens se réfère chaque compositeur, il est impossible de choisir à coup sûr l'un des deux systèmes pour l'exécution d'une pièce donnée.

Les exemples de notes inégales fournis par les auteurs sont tous composés de notes conjointes. En effet, c'est une règle absolue de jouer égales les notes disjointes, ce qui n'empêche pas que même dans ce cas, la mention *notes égales* ne soit écrite pour plus de sûreté.

En résumé les notes qui devraient être *pointées, lourées* ou *passées* — autrement dit inégales —

---

(1) Cajon (1772).

d'après la nature de la mesure, ne le sont pas, et sont exécutées égales entre elles :

1º Lorsqu'elles sont entremêlées de notes de valeurs inférieures — à moins qu'on ne les fasse toutes inégales, comme on l'a vu plus haut ;

2º Lorsque les sons se succèdent par degrés disjoints ;

3º Lorsqu'on en est averti au moyen des mentions : *Notes égales, martelées, détachez, mouvement décidé* ou *marqué ;*

4º Lorsqu'il y a des points ou des traits verticaux sur les notes qui devraient être inégales (1) ;

5º Lorsque les notes qui devraient être inégales sont entremêlées de nombreux silences de même valeur ;

6º Lorsqu'elles sont entremêlées de notes syncopées ;

7º Lorsqu'elles sont sur le même degré ;

8º Dans les parties d'accompagnement ;

9º Lorsqu'on joue de la musique étrangère qui ne se joue pas « selon l'usage des Français (2) ».

D'après la théorie du temps, au point de vue de l'inégalité, les silences équivalent aux notes qu'ils représentent ; on ne manquera donc pas d'exécuter :

---

(1) Très souvent les notes liées par deux (suites de croches, ou de doubles-croches) demandent une exécution *tendre* et lourée.

(2) Brossard, sur un de ses motets, écrit : « Andante, ou à notes égales. Le mot andante indique que c'est de la musique à l'italienne non pointée. »

. ainsi

Dans les mesures où les croches sont inégales, la croche qui suit une noire pointée est toujours très brève ; il faut exécuter la noire pointée comme une noire doublement pointée, et la croche comme une double croche. De même dans la mesure à quatre temps la croche pointée suivie d'une double croche devient une croche doublement pointée suivie d'une triple croche. Brijon avise que « la double croche doit être extrêmement marquée, même avec dureté, en la passant avec précipitation en tombant sur la suivante ».

En ce qui concerne les instruments à cordes, voici comment on exécutait ces rythmes caractéristiques : « Dans la mesure à deux ou trois temps, si la noire pointée se trouve en tirant, il faut enlever l'archet de dessus la corde, faire la croche en poussant, la prendre aux deux tiers de l'archet jusqu'en bas, et tomber avec précipitation sur la suivante en tirant.

« Si la noire pointée est en poussant, on enlèvera l'archet de dessus la corde, et on laissera un petit intervalle pour faire encore la croche en poussant ; et depuis les deux tiers de l'archet jusqu'à sa partie inférieure, pour tomber avec précipitation sur sa suivante ; on fait de la même manière les croches pointées suivies d'une seule double croche, dans la mesure à quatre temps. La note qui suit la croche ou la double croche se trouve toujours en tirant. On préfère cette manière dans les symphonies faites en ouverture, parce qu'elles sont dans un mouvement marqué, ainsi que dans des parties et morceaux tirés des opéras (1). »

Si on a une série de croches pointées suivies d'une double croche, on les tire et on les pousse alternativement deux par deux, comme il vient d'être indiqué pour le coup d'archet poussé ; « lever l'archet imperceptiblement pour faire la seconde note qui est très brève ; en tirant la brève se fait de la pointe, et en poussant, du talon de l'archet (2) ».

« Lorsqu'on trouve deux notes liées par le signe ordinaire, et de plus divisées par un petit trait 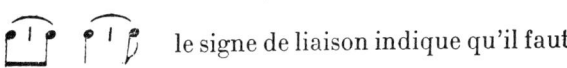 le signe de liaison indique qu'il faut faire ces deux notes du même sens de l'archet, et le petit trait qu'il faut lever l'archet après la première note que l'on doit nourrir dans ce cas, ensuite l'on pique la brève avec plus ou moins de force, selon l'expression que l'on veut lui donner (3). »

Au sujet du point, Métoyen note que : « Le point

---

(1) Brijon. C'est cette manière de faire qu'on appelait, à l'étranger, *style à la française*.
(2) **Durieu** (1793), **Bornet** (1786).
(3) Labbé.

n'a pas de valeur déterminée ; c'est lorsqu'il se trouve un trait de doubles ou triples croches après lui ; il sert à soutenir le son à proportion de la quantité de nottes qu'il y a après ; pour lors si dans le trait il y a nombre pair, la première notte est longue, s'il y a nombre impair, la première notte est brève. » On rencontre fréquemment en effet des graphies de ce genre :

(1)

« Dans ces endroits, ce sont les nottes qui suiuent qui règlent la note du point : quelquefois le point n'augmente la notte que d'un $\frac{1}{8}$, du quart, des $\frac{3}{8}$, de $\frac{5}{8}$. »

L'exécution des notes inégales, sur les instruments à archet, exige quelques précautions que précise le minutieux Brijon, d'accord avec les autres auteurs : « Si une noire qui se fait en tirant se trouve suivie de 4 ou de 6 croches inégales, la première croche se fait en commençant du bout de l'archet, dont on emploie les deux tiers en poussant. On

---

(1) A propos de ce dernier groupe de triples croches, Quantz recommande, dans la musique française, d'attendre l'extrémité du temps pour faire les triples croches, sans les lier.

l'enlève un peu de dessus la corde, et avec l'autre tiers on fait encore la seconde en poussant. On l'enlève de nouveau, et on l'emploie en entier pour faire la troisième, en pressant son cours un tiers plus que sur la première croche ; l'on commence la quatrième sans dureté (1), au tiers de l'archet, que l'on conduit jusqu'au bas, en le précipitant une fois plus que sur la seconde croche ; il en est de même... pour toutes les croches inégales. Il faut, en exécutant, avoir soin d'égaliser la qualité des sons, en appuyant beaucoup sur l'archet. Au surplus, il n'est question ici que de notes détachées. » En d'autres termes, dans les notes inégales, suivant un principe connu, la note longue se fait en tirant, la note brève au talon en poussant.

D'après l'Encyclopédie « les instrumens à vent ne donnent le coup de langue qu'à la première des deux notes, et coulent l'autre, en observant de faire la première plus longue et plus forte que la seconde ».

Il faut observer que les notes des triolets — de croches ou doubles croches — sont toujours égales ; tout au plus est-il permis de donner un léger accent à la première des trois notes. Aux instruments à archet, on lie par 3 ou par 6.

Emy de l'Ilette, d'accord avec les autres théo-

---

(1) Recommandation à suivre ponctuellement.

riciens, résume ainsi la question des notes égales :
« Ces diverses manières de passer les valeurs ne
doivent être employées que dans les parties chantantes et jamais dans celles qui ne sont que d'accompagnement. On ne les observe même rigoureusement dans les parties chantantes qu'à l'étude,
pour y acquérir de l'aplomb, mais on les abandonne souvent dans l'exécution parce qu'elles lui
donneraient trop de pesanteur ; en un mot il est
des passages où ces différentes manières d'exécuter
les valeurs font un bon effet ; il en est d'autres où
elles sont d'un mauvais goût : c'est donc à celui
qui exécute à ne les employer qu'à bon escient. »

Ces façons de procéder peuvent paraître aujourd'hui singulières ; il faut pourtant les appliquer
aux œuvres françaises du xviiie siècle si on veut
leur donner leur physionomie propre. On voit aussi
que la première condition de toute restitution
consiste en une édition exacte, l'omission d'une
mention comme *notes égales*, le changement d'un
signe de mesure, ou d'un chiffre de la basse pouvant
induire en erreur un exécutant averti des usages
du temps.

LE MOUVEMENT

L'absence de toute indication agogique embarrasse généralement ceux qui parcourent les recueils et les partitions des XVIIe et XVIIIe siècles. Les gens du temps avaient à ce sujet une doctrine établie sur deux principes complémentaires : le *signe* de la mesure, le mouvement traditionnel des *Airs de caractère* (danses). En 1687 A. Raison dit : « Il faut observer le *signe* de la pièce que vous touchez et considérer s'il a du rapport à une Sarabande, Gigue, Gavotte, Bourrée, Canarie, Passacaille et Chacone, mouvement de Forgeron, etc. » L'anonyme de 1722 confirme la théorie : « le degré de mouvement... se connoît par les Airs de caractère (Allemandes, Gavottes, Bourrées, etc.), qui en sont les modèles. »

Mais en 1755 Bordet remarque que la consigne est déjà moins strictement observée : « les différents signes de mesure ont été imaginés pour caractériser et donner le mouvement aux airs qu'ils régissent ; mais ce principe a beaucoup perdu de sa force, et ne s'observe plus guère que pour les airs de caractère d'opéra, les ouvertures, etc. ».

Il faut donc se rendre un compte exact des divers signes de mesure, des mouvements des danses et des moyens employés pour pallier à l'imprécision de ces procédés.

★

« Toutes les mesures... se réduisent à celles de 2 et 3 temps, et n'ont été imaginées que pour marquer plus précisément le degré de vitesse et de lenteur (1). » Les divers mouvements ont d'ailleurs des caractères expressifs déterminés : « la mesure où la croche vaut un temps est capable d'exprimer avec succès la vitesse des éclairs, de la foudre, les transports de la haine, de la vengeance, etc. ; aussi en Italie désigne-t-on cette mesure par Presto. Comme celle où la valeur de la noire est d'un temps tient du vif et du gai, qualités que les Italiens appellent Vivace ou Allegro, elle est faite pour les mouvements légers et pour les passions aimables, c'est-à-dire le vol d'un papillon, la douce agitation des feuilles d'un arbre, l'espoir, le plaisir, etc. Comme une mesure où la ronde vaudrait un temps serait lente, on pourrait la distinguer par les termes d'Adagio et de Largo, et s'en servir pour représenter le cours tranquille d'un fleuve, la démarche d'une déesse et les passions sérieuses (2) ».

En théorie, le rapport de vitesse entre des mesures comme C, ₵ ou 2, $\frac{2}{4}$, varie du simple au double. Il en est de même entre $\frac{3}{2}$, $\frac{3}{4}$ ou 3, $\frac{3}{8}$. Il s'agit donc de

(1) Corrette.
(2) Blanchet.

déterminer des vitesses fixes, qui puissent servir d'étalon. Voici la solution de Saint-Lambert, en 1702 : « la vitesse de la noire des mesures ($\mathbb{C}$, 3 et $\frac{6}{4}$ est celle du pas d'un homme qui marche un peu vite et qui fait cinq quarts de lieue à l'heure ; le temps des mesures C et $\frac{3}{2}$ doivent se mesurer sur les pas d'un homme qui se promène, et même assez lentement (1) ». La tradition se maintint longtemps, puisqu'elle est attestée encore à la fin du siècle par Cléret, élève de Grétry.

L'anonyme de 1728 dit plus précisément : « la mesure de deux tems ordinaire dure environ une seconde d'heure (2), celle de trois tems employe une seconde et demy, et celle de quatre tems occupe deux secondes ».

La doctrine est confirmée par Boyer en 1767 : « On a fixé à la blanche la durée d'à-peu-près une seconde de tems ; c'est l'usage qui transmet cela d'un musicien à l'autre. D'un autre côté, et cela revient au même, on a évalué la noire à la durée du pas d'un homme, de taille ordinaire, qui feroit

---

(1) Au triple double, ou $\frac{3}{2}$, on rencontre assez souvent des croches et des doubles croches *blanches :* « elles marquent une plus grande lenteur dans le mouvement... » (Vague). Denis résume la doctrine courante : « Tout le monde est d'avis que l'on doit battre à 3 temps lents le $\frac{3}{2}$. Par exemple dans *Phaéton*, acte I : Prenés soin sur ces bords (Prothée), acte II : Que mon sort serait doux (duo), acte III : Hélas une chaîne si belle (duo).
(2) L'auteur donne pour étalon une longueur de pendule qui bat 69 au métronome de Maelzel — durée très voisine de la seconde.

cinq quarts de lieue en une heure de tems (1)... Ce n'est là encore qu'un à-peu-près ; mais nous avons, selon cette idée, un mouvement comme inaltérable dans les marches des régiments européens. On sçait que les airs appelés *marches* sont à deux tems ordinaires dont la mesure se marque par 2. Ainsi la ronde, la blanche, la noire, tout enfin, se trouve déterminé par cette mesure. Son mouvement, au reste, ne peut être sensiblement altéré, parce qu'il est établi sur le pas du troupier qui est presque mathématiquement le même dans un temps comme dans l'autre, dans un pays comme dans un autre.

« Ce que nos militaires appellent le *pas ordinaire* équivaut à la *blanche ;* ils en font deux dans une mesure. Le pas qu'ils appellent *redoublé* équivaut à la *noire ;* ils en font quatre dans une mesure. Il est d'expérience qu'une troupe fait à la minute, soixante pas *ordinaires*, et cent-vingt pas *redoublés*. Cela se rapporte à la valeur d'une seconde pour la blanche, dont j'avois d'abord parlé. Ainsi les marches des régimens transmettront toujours au musicien la valeur que nos anciens ont fixée aux notes, et pourront en tout tems lui rappeler le mouvement propre des mesures primitives et fondamentales.

« C mesure à quatre tems graves.

---

(1) Ici Boyer renvoie au texte de Saint-Lambert cité ci-dessus.

« ¢ mesure à quatre tems légers, de moitié plus vite que la précédente.

« $\frac{6}{8}, \frac{9}{8}, \frac{12}{8}$ sont de moitié plus vite que $\frac{6}{4}, \frac{9}{4}, \frac{12}{4}$.

« La noire ordinaire, valant un pas *redoublé* des troupes est celle des mesures simples 2, $\frac{2}{4}, \frac{3}{2}, \frac{3}{4}$.

Pour avoir d'autres mouvements, on peut presser une mesure lente, ou ralentir une mesure vive : « par exemple, entre la mesure $\frac{3}{4}$ et la mesure $\frac{3}{8}$, il y a deux moyens : ou de presser $\frac{3}{4}$ ou de rallentir $\frac{3}{8}$. C'est ce qu'on obtient par les termes *légèrement, vite, très-vîte* et autres semblables ; ou par les termes *modérément, lentement, gravement, très-lentement*, et autres. Mais on sent très bien qu'une mesure comme $\frac{3}{4}$, par exemple, pressée jusqu'à son dernier période, ne doit jamais atteindre le mouvement propre à la mesure $\frac{3}{8}$; ou que celle-ci, rallentie à l'extrême, devra néanmoins rester encore au-dessous de la mesure $\frac{3}{4}$.

« Un morceau étant supposé à trois tems... devra-t-il durer une demi-heure, par exemple, ou un quart-d'heure, ou seulement un demi-quart-d'heure ? Car c'est là la gradation d'un *Presto* ou d'un *Adagio* noté à $\frac{3}{2}$ ou à $\frac{3}{4}$ ou à $\frac{3}{8}$. »

Ce texte amusant résume bien la tradition française. Il faut ajouter que la règle connaît des atténuations : Raison, dans son livre d'orgue, dit qu'il faut donner à ses pièces le même mouvement qu'au clavecin « excepté qu'il faut donner la cadence un peu plus lente à cause de la sainteté du lieu ». Inversement Couperin écrit : « Il est bon de ne pas jouer les pièces tendres (1), sur le clavecin, tout à fait aussi lentement qu'on le feroit sur d'autres instrumens, à cause du peu de durée de ses sons, la cadence et le goût pouvant s'y conserver indépendamment du plus ou moins de lenteur. »

Toutefois il reste des points douteux. Les auteurs ne sont pas d'accord au sujet de 2 et de ₵. Muffat donne quelques précisions en ce qui concerne la période lulliste : « 2, ₵ se donnant à 2 temps, il est clair qu'ordinairement elle vat de la moitié plus vite, que celle cy C qui se donne en quatre. Cela supposé, cette mesure 2 doit être fort lente aux Ouvertures, Préludes et Symphonies, un peu plus gaye aux Balets, et au reste à mon avis presque toujours plus modérée que celle cy ₵ qui per les Gavottes se doit moins presser que per les Bourées. » En 1762 Choquel dit : « Le ₵ servant pour les récitatifs, son mouvement est arbitraire, et ce sont les paroles qui le déterminent », texte qui accuse l'origine des divergences relatives au mouvement de ce signe.

Le signe 3 est également assez variable : « la Passacaille, la Sarabande, les Sourdines d'Armide, les Songes agréables d'Atis, l'Aimable vainqueur

---

(1) Expressives.

d'Hésione sont marqués par un 3 simple et d'un mouvement grave. On n'ignore pas que la Chacone, la Villanelle, les Fêtes vénitiennes, les Tritons de Phaéton et un nombre infini d'airs de ce goût qui sont gays, sont marqués aussi par un 3 simple. Dans le menuet, battre à trois tems très légers (1). » Ce texte corrobore celui de Muffat : « $\frac{3}{4}$ veut le mouvement moins lent que $\frac{3}{2}$, mais pourtant un peu grave aux Sarabandes et aux Airs ; puis plus gay aux Rondeaux ; mais enfin le plus gayment que faire se pourrat sans précipitation aux Courantes, Menuets, et plusieurs autres pièces, comme aussy aux Fugues et Ouvertures. Finalement, pour les Gigues et Canaries, de quelle manière qu'on en marque la mesure, il faut les jouer extrêmement vite. »

★

On est donc amené à compléter l'indication du signe de la mesure par la connaissance du mouvement des *Airs de caractère* qui lui correspondent. Les théoriciens donnent à ce sujet les renseignements suivants, toujours concordants :

Air tendre : 3 temps lents.

---

(1) Denis. Buch'oz dit encore : « Le pouls égale pour l'ordinaire la cadence du menuet en mouvement » (1806). Il s'agit évidemment de la mesure entière.

Bourrée : binaire vif.
Canarie : 3 temps vifs ou très vifs.
Chaconne : 3 temps modérés ou gais.
Courante : 3 temps lents.
Entrée de Ballet : 2 temps graves.
Entrée de Furies : 4 temps vifs.
Gaillarde : binaire vif.
Gigue : binaire vif ou très vif (1).
Loure : 2 temps graves.
Menuet : 3 temps gais (2).
Musette : 2 ou 3 temps légers.
Passacaille : 3 temps graves.
Passepied : 3 temps vifs ou très vifs.
Pavane : binaire grave.
Rigaudon : 2 temps vifs ou très vifs.
Sarabande : 3 temps lents.
Tambourins : très vif.

La gavotte, « appelée *branle* par le vulgaire (3) », est vive ou lente, « mais jamais extrêmement vif, ni excessivement lent » (4).

Le prélude a indifféremment tous les mouvements (5). De Machy écrit : « On peut jouer les

---

(1) Rameau avertit que la gigue française est souvent désignée par le mouvement de la loure, « ainsi qu'on voit dans le prologue de Roland, p. 161 »...

(2) « Le menuet à danser, quoique marqué $\frac{4}{4}$ doit aller comme le $\frac{3}{8}$, deux fois plus vite. Le menuet de clavecin est ordinairement plus lent. » (Saint-Lambert.)

(3) Borjon.

(4) D'Alembert.

(5) David.

préludes comme l'on voudra, lentement ou viste. »
Couperin donne plus de détails : « Quoy que les
Préludes soient écrits mesurés, il y a cependant un
goût d'usage, qu'il faut suivre... il faut les jouer
d'une manière aisée sans trop s'attacher à la précision
du mouvement, à moins que je ne l'aye
marqué exprès par le mot de *Mesuré*. » Et à la fin
du siècle, Cléret reste dans la tradition : « Dans
le prélude on n'observe pas tout-à-fait la valeur
des notes ni le mouvement. »

La pratique donnait quelques accrocs à la théorie :
Saint-Lambert observe que « M. de Lully fait
jouer la reprise de l'ouverture d'*Armide* très vite,
et l'air de la page 92 du même opéra, très lent,
quoiqu'ils soient tous deux à $\frac{6}{4}$ ». Denis se plaint
aussi qu'« on a choisi le 2 pour le Rigaudon, la
Gavotte et plusieurs autres pièces de ce genre, au
lieu qu'il aurait été plus à propos de se servir du $\frac{2}{4}$.
C'est en effet ce que quelques auteurs ont sagement
pratiqué dans le Tambourin qui n'est autre chose
qu'un Rigaudon. » Montéclair observe que « la Passacaille
et la Sarabande, qui sont d'un mouvement
grave, se marquent par 3 ou $\frac{3}{4}$ de même que la
Chacone et le Menuet, qui sont d'un mouvement gai,
et le Passepié, qui est d'un mouvement très léger ».

Pour plus de précision, on multiplia les mesures ; Vion dit que le $\frac{12}{16}$ a été introduit par Couperin et que les $\frac{9}{16}$, $\frac{12}{16}$, $\frac{3}{16}$ sont dus à Hotteterre le Romain (1). Cependant la difficulté subsistait : « on ne verroit pas tant d'altercations entre les musiciens, même habiles, au sujet de quantité de pièces, chacun en voulant régler le mouvement suivant son goût ou son caprice si on avait un moyen de fixer le mouvement » dit Gabory. Or « c'est de la mesure que la musique française emprunte ses principaux agrémens... Aussi est-elle très diversifiée, quelquefois elle est très vive, souvent elle est très lente, quelquefois elle est très marquée, d'autres fois elle se laisse à peine sentir (2) ».

On songea de bonne heure à construire des appareils donnant les vitesses exactes ; mais, faute d'avoir été utilisés par les musiciens, ils ne rendirent que peu de services. Laugier demande l'établissement d'une métronomie : « si on ne donne pas le mouvement tel que le compositeur l'a voulu, on

---

(1) L'Encyclopédie rend témoignage à la tradition : « la mesure à $\frac{6}{16}$ demande la plus légère des expressions et le mouvement le plus vif ; elle souffre rarement des notes plus brèves que des doubles croches. J. S. Bach et Couperin qui sont sans contredit les plus exacts de tous les compositeurs, et qui n'auroient pas sans raison composé des fugues et d'autres pièces dans cette mesure, et dans d'autres qui à présent sont hors d'usage, confirment par là-même ce que nous avançons, c'est-à-dire que chaque mesure a une exécution et un mouvement qui lui est propre, et que par conséquent il n'est point indifférent dans quelle mesure ou note et l'on exécute une pièce. »
(2) Jamard.

dénature l'effet de la musique, ou on en change l'expression ». Et Boyer insinue : « M. La Cassagne penseroit-il que *l'allegro* d'aujourd'hui, par exemple soit le même que *l'allegro* du tems de Corelli ou que celui du tems des sonates de Leclair ? » (1767).

Déjà en 1732, la tradition des mouvements lullistes était perdue : « Ceux qui ont vu représenter les opéras de Lulli, qui sont devenus le plaisir des nations, lorsque Lulli vivoit encore, et quand il enseignoit de vive voix, à des Acteurs dociles ces choses qui ne sçauroient s'écrire en notes, disent qu'ils y trouvoient une expression qu'ils n'y trouvent plus aujourd'hui. Nous y reconnaissons bien les chants de Lulli, ajoûtent-ils, mais nous n'y retrouvons plus l'esprit qui animoit ces chants. Les récits nous paroissent sans ame et les airs de ballet nous laissent presque tranquilles. Ces personnes allèguent comme une preuve de ce qu'elles disent que la représentation des opéras de Lulli dure aujourd'hui plus long-temps que lorsqu'il les faisoit exécuter lui-même, quoi qu'à présent elle dut durer moins de temps, parce qu'on n'y répète plus bien des airs de violon que Lulli faisoit jouer deux fois. Cela vient selon ces personnes de ce qu'on n'observe plus le rithme de Lulli que les acteurs altèrent, ou par insuffisance ou par présomption (1). » Et

(1) Du Bos. Voltaire remarque que la scène de Méduse (Persée, acte III, sc. I) *je porte l'épouvante et la mort* s'accommoderait, fort bien

Grétry écrit à son tour : « on n'exécute plus ni Lulli ni Rameau dans les vrais mouvemens, disent nos vieillards (1) ».

Faute de mieux, on tâche de donner une idée approximative du mouvement des airs. Voici un tableau dressé par l'auteur de *La Musique théorique et pratique* (1722) :

Air d'Amadis	p. 10	à $\frac{12}{4}$, lent
Allemande de Corelli, livre IV	p. 2	C léger
Air de Phaéton	p. 115	$\frac{12}{8}$ léger
Air des Furies de Phaéton	p. 144	₵ vite
Ouverture de Phaéton	p. 1	₵ lent
Entrée du triomphe de l'Amour	p. 198	2 lent
Loure des Fêtes de Thalie	p. 120	$\frac{6}{4}$ lent
Entrée de Thésée	p. 187	2 léger
1ʳᵉ musette de Callirhoé	p. 216	2 léger
2ᵉ musette en ronde, d'Ajax	p. 13	2 léger
Marche pour les guerriers de Thésée	p. 86	2 léger
Air pour les vents, de Cadmus	p. 23	2 léger
Air pour les combattants, de Cadmus	p. 136	₵ léger
La mariée, de Roland	p. 177	₵ vite
Bourrée d'Achile		2 vite
Pavane d'Énée et Lavinie	p. 17	2 vite
Forlane de l'Europe galante	p. 186	$\frac{6}{4}$ vite
Gigue d'Amadis	p. 11	$\frac{6}{4}$ vite
Canarie du Temple de la Paix	p. 103	$\frac{6}{8}$ vite
Entrée de Roland	p. 182	$\frac{3}{8}$ très vite
Sarabande d'Issé	p. 181	3 grave
Passacaille d'Acis et Galatée	p. 156	3 grave
Passacaille d'Armide	p. 220	3 grave
Chaconne de Phaéton	p. 111	3 léger
Menuet des Festes de Thalie	p. 125	3 vite
Air de Thésée	p. 23	$\frac{3}{4}$ vite

des paroles *je porte l'allégresse et la vie*. Une telle parodie eût été sûrement impossible du vivant de Lulli.

(1) Voir, au Récitatif, une explication de ce fait.

De son côté, Vion essaye de donner de la manière suivante une idée du mouvement des airs :

« C se bat lentement et ne s'emploie que pour les récitatifs des motets, de cantates, d'opéras. Cette mesure convient encore aux pièces de musique instrumentale comme aux Allemandes, aux Sonates, aux Adagios, etc. »

Exemple : Récit du motet de Bernier, op. 2, p. 127 : *In hoc sacramento mirabili ;* Récitatif de l'opéra Roland, acte I : *Ah! que mon cœur ;* Sonate de Valentin, op. 5 :

Motet de Campra, livre 2 : *Florete prata ;* Récitatif de Roland, acte II, scène I : *Que devient ma vertu.*

« La mesure 2 est pour l'ordinaire vive : Ouvertures d'opéras, Marches, Ballets, Branles, Bourrées, etc. »

Exemples : Prologue de Roland :

Gavotte de Roland :

Puis : *Le ciel qui m'a fait votre roi.*

Entrée d'Armide :

Marche d'Issé, acte II, scène IV. Gavotte de Roland.

« ₵ est à 2 temps lents : Entrées, Marches, Ritournelles, Préludes. »

Exemples : Marche d'Issé.

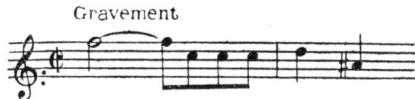

Armide : (vite) *Poursuivons, poursuivons.*
Ibid :

Ibid : Gavotte, scène I, acte IV.

Ritournelle d'Issé, scène III, acte I :

Entrée pour les Européens, d'Issé, scène IV, acte V.

La mesure 3 est à 3 temps lents, quelquefois employée pour des airs vifs : Chaconnes, Sarabandes, Passacailles, Menuets. Exemples :

Sarabande d'Issé, lent.

Menuet de Roland, gay :

Passacaille d'Armide.
Premier Menuet du prologue d'Issé.
Chacone de Roland, acte III, scène V.
Ibid : Marche :

Le $\frac{3}{2}$ convient aux Airs tendres, Cantates, Plaintes. Exemples :

Motet de Bernier, op. II : *Aedificans ;* première cantate : *Vous pour qui tant de misérables ;* cantate : *Fils de la nuit.*

Sonate de Valentino, op. V :

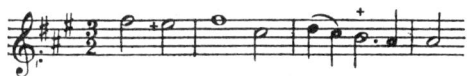

Le $\frac{3}{8}$ est toujours vif : Canaries, Passepieds. Exemple :

Montéclair, 4e cantate du livre I : *Je sens finir mes peines.*

Bernier, Motets, op. II : *Confundantur.*

Id., Cantate Jupiter et Europe : *Partagez les feux.*

Issé, scène V, acte III, passepied.

Le $^6_4$ est à 6 temps graves (1) : Loures, reprises d'Ouvertures d'Opéras, Gigues. Exemple :

Reprise de l'Ouverture d'Armide :

Reprise de l'Ouverture de Roland :

Forlane de l'Europe galante.
Gigue du prologue de Roland.
Air d'Armide.
Gigue la Messinoise :

Le $^{12}_8$ est propre aux airs légers. Exemple :

Silène, cantate de Bernier : *Liqueur enchanteresse.*

6ᵉ Cantate de Bernier : *Fiers vainqueurs de la terre.*

Le $^2_4$ est à 2 temps légers. Exemples :

3ᵉ Cantate de Montéclair, la Badine : *L'amant qui toujours soupire.*

Sonate de Valentino, op. V :

---

(1) C'est la doctrine de L'Affilard.

Cantate de Clérambault : *Qu'à votre gloire tout conspire.*

Motets de Bernier, op. II : *Laudate Dominum.*

Le $\frac{4}{8}$ est à 2 temps fort légers : Entrée de pâtres, bergers ; dans l'opéra Roland : entrée des bergers et bergères, puis : *Vivez en paix.*

On coupe encore le 2 en le barrant pour marquer une mesure plus légère, mais le mouvement se rapporte à celui du $\frac{4}{8}$ ou du $\frac{2}{4}$. V. le motet de Bernier, op. 2 : *In voce exsultationis.* »

★

Aussi Saint-Lambert, qui voudrait convoquer une assemblée de musiciens pour fixer les mouvements, se réfugie dans un prudent scepticisme : « puisque dans la musique on est si peu exact à observer les règles des signes et des mouvemens, le lecteur ne doit pas beaucoup s'arrêter à ce que j'ay dit sur cette matière, il peut user du privilège du musicien et donner aux pièces tel mouvement qu'il luy plaira... pourvû qu'il ne choisisse pas un mouvement directement opposé à celui que demande le signe, ce qui pourroit ôter la grace de la pièce, mais que celuy qu'il choisira luy convienne et la fasse valoir ».

Saint-Lambert parle en exécutant, habitué à présenter de la manière la plus séduisante des pièces au public. Il faut rapprocher son texte de celui d'un autre éminent praticien : dans le prologue de ses admirables *Nouvelles suites de pièces de clavecin*, Rameau écrit : « le mouvement de ces pièces roule plutôt sur la vitesse que sur la lenteur. Mais souvenez-vous toujours qu'il vaut mieux, en général, y pécher par le trop de lenteur, que par le trop de vitesse ; quand on possède une pièce, on en saisit insensiblement le goût, et bientôt on en sent le vrai mouvement ».

Cet extrait permet de faire une observation d'une importance capitale : il condamne les excès de vitesse des écoles sportives ; or, quand on ne fait pas du cent cinquante à l'heure, il est indispensable, pour intéresser l'auditeur, de jouer avec la grâce d'un certain laisser aller qui exclut la rigidité d'une mesure métronomique. En fait, contrairement à la musique italienne, assujettie à la plus exacte mesure, la musique française avait pour caractéristique une très grande souplesse agogique. Comme c'est un point très oublié aujourd'hui, il ne sera pas inutile d'y insister. La tradition est ancienne, car déjà le P. Mersenne (1636) donne cet avis : « on change plusieurs fois de mesure, soit binaire, ou ternaire, en faisant chanter vne mesme pièce de musique, en hastant ou retardant le baisser ou le leuer, suiuant la lettre et les paroles, ou les passions différentes du sujet ».

Couperin, à propos du double du *Rossignol amoureux*, remarque : « Il ne faut pas s'attacher trop précisément à la mesure dans le double cy dessus ; il faut tout sacrifier au goût, à la propreté des passages et à bien atendrir (1) les accens marqués par des pincés. » Mais sur le *Rossignol en amour*, il avertit, méfiant : « Lentement et très tendrement *quoy que mesuré*. » Rameau lui fait écho, dans l'*Enharmonique ;* la mention : *sans altérer la mesure*, à un endroit où rien ne gêne l'exécutant prouve qu'on avait l'habitude de ces légères fluctuations de mouvement grâce auxquelles le jeu paraît plus aisé et plus coulant. Il en donne la raison : « Si l'imitation des bruits et des mouvements n'est pas aussi fréquemment employée dans notre musique que dans l'italienne, c'est que l'objet dominant de la nôtre est le sentiment, qui n'a point de mouvemens déterminés, et qui par conséquent ne peut être asservi par tout à une mesure régulière, sans perdre de cette vérité qui en fait le charme. L'expression du physique est dans la mesure et le mouvement, celle du pathétique, au contraire, est dans l'harmonie (2) et les infléxions. »

J.-J. Rousseau en fournit une confirmation dans

---

(1) Rendre expressifs.
(2) En 1740, Hubert Le Blanc remarque que les Italiens recherchent le chant, les Français l'harmonie.

son article sur le *Chronomètre* (1) dans l'Encyclopédie : « il n'y a peut-être pas dans un air quatre mesures qui soient exactement de la même durée. Cette objection (à l'emploi du chronomètre) qui est d'une grande force pour la musique françoise, n'en auroit aucune pour la musique italienne soumise irrémissiblement à la plus exacte mesure ; rien même ne montre mieux l'opposition parfaite de ces deux sortes de musiques ; car si la musique italienne tire son énergie de cet asservissement à la rigueur de la mesure, la françoise met toute la sienne à maîtriser à son gré cette même mesure, à la presser et à la ralentir selon que l'exige le goût du chant, ou le degré de flexibilité des organes du chanteur ».

Lacombe fait écho à ce texte : « En France, c'est le musicien qui gouverne la mesure ; il est même assez ordinaire que le chanteur la ralentisse ou la précipite à son gré ; de plus le goût l'engage souvent à ne la point faire sentir. » Grétry constate à son tour que « l'expression entraîne hors de mesure tout récitant, soit vocal ou instrumental : malheur à celui que ce défaut ne surprend jamais » !

Bien entendu, il faut que la raison de ces irrégularités soit musicale, et Mme de Genlis le fait remarquer finement : « Il me semble que dans la

---

(1) Métronome.

musique instrumentale on prodigue beaucoup trop les *ralentissemens*, chose commode pour les joueurs médiocres qui les placent dans les passages difficiles... Il ne faut rompre la mesure que fort rarement, c'est toujours une licence, et toute licence devient extrêmement vicieuse quand elle est répétée. Si le ralentissement n'est pas rempli de grace et d'expression il ne vaut rien (1). »

Il paraît que les Français étaient plutôt portés au défaut contraire : Bauderon de Sénecé rapporte que « Lulli battait la mesure avec beaucoup d'impatience », et d'autres auteurs, comme Framery, observent que « ce n'est pas seulement dans l'ancienne musique françoise qu'on pressoit le mouvement du chant, on le presse aussi dans la nouvelle (2) ».

(1) Lécuyer précise qu'il ne faut pas altérer la mesure par exemple dans : *Permettez, astre du jour* (Indes galantes) ; *Vous qui voulez charmer* (loure d'Ismène) ; *Sur vos pas* (loure de Zélindor).

(2) C'est l'occasion de démolir encore un faux dogme, généralement énoncé ainsi : *Les mouvements des anciens étaient plus lents que ceux de nos jours*. Cette affirmation a été probablement imaginée par des exécutants sans technique. En tout cas on peut observer que « le cœur humain et ses passions » n'ont guère changé depuis le xviiie siècle, pas plus que la voix humaine, modèle de toute musique. Rien n'empêchait les instruments à archet de jouer aussi vite que maintenant. Quant aux clavecins, croit-on qu'on eût écrit pour eux tant d'agréments exigeant une vélocité extrême, si on n'avait pu les rendre que pesamment ? Et l'orgue, s'il ne pouvait pas jouer vite dans la force, rivalisait d'agilité avec le clavecin dans la douceur.

★

Mais, dès 1701 Sauveur proposait à l'Académie des Sciences de mesurer les durées musicales au moyen d'un *chronomètre*, pendule marquant les secondes, les douzièmes de seconde et les tierces d'heures. De son côté, Loulié (1698) avait inventé un pendule à l'usage des musiciens : « ceux qui ont le goust fin et qui ont éprouvé combien un air perd de sa beauté lorsqu'il est exécuté trop viste ou trop lentement me sçauront bon gré de leur donner un moyen seur pour en connoître le véritable mouvement particulièrement ceux qui demeurent dans les provinces lesquels pourront sçavoir au juste le véritable mouvement de tous les ouvrages de M. de Lully que j'ay marqué très exactement par rapport au chronomètre avec le secours des personnes qui les ont exécutez sous la mesure de M. de Lully mesme pendant plusieurs années (1) ».

L'Affilard (1705) perfectionna cet instrument ainsi que M. d'Onzembray (1732), Lachapelle (1736) et Choquel (1762). En construisant les longueurs de pendule qu'ils indiquent, et en comparant aux mouvements du métronome de Maëlzel, on constate qu'à part les mesures vives ($\frac{2}{4}$, $\frac{3}{8}$, $\frac{6}{8}$) les vitesses de chaque signe de mesure oscillent entre des

(1) Ce chronométrage n'a pu être retrouvé.

limites très éloignées. Mais si on rapproche les chiffres relatifs à chaque espèce d'air de caractère, on trouve une fixité remarquable, qui confirme le bien-fondé de la tradition :

	L'Affilard	Lachapelle	Onzembray	Choquel
Bourrée	120	120	112-120	
Chaconne	156	120	156	
Gavotte	120	152	96	126
Gigue	116-120	120	112	120
Menuet	72-76		78-78	80
Passepied	84	136	100	92
Rigaudon	120	152	116	126
Sarabande	66-72-84	63	78	

Voici d'autre part les pièces dont le mouvement, exprimé par les anciens en longueur de pendule, est traduit en chiffres du métronome de Maelzel :

Auteur	Œuvre		Signes de la mesure	Mouvement au métronome
Campra	L'Europe galante.	Passepied	3/8	100 (1)
—	—	Rigaudon	2	116
—	—	Menuet	3	70 (1)
—	Fêtes vénitiennes : *Ce n'est plus la mode des amans...*		6/8	96
Clérambault	Alphée et Aréthuse. Ariette : *Cruel vainqueur...*		2/4	88
Collasse	Amadis. Gigue		6/4	112
—	Thétis et Pélée. Loure		6/4	112
—	—	Ouverture : Commencement.	2	64
		Reprise ..	6/4	80
Destouches	Issé. Monologue *Heureuse paix*		₵	63

(1) **Durée de la mesure entière.**

Auteur	Œuvre	Signes de la mesure	Mouvement au métronome
Destouches	Issé. Sarabande	3/2	73
—	Marthésie. Menuet	3	70 (1)
—	Omphale. Bourrée	2	120
Lalande	Miserere. *Amplius lava me*	₵	76
—	Motet. *Lux orta est*	2	104
Lully	Alceste. Démons à 4 tems	2	75
—	Atys. 1ᵉʳ air des Songes funestes	2	57
—	Atys. 2ᵉ air des Songes funestes	3/2	56 (1)
Lully	Atys. Air. Acte I, scène II : *Allons, Allons, accourez*		la blanche = 51
—	Fêtes de Bacchus. La Mariée	2	106
—	— Chaconne des Arlequins	3	52 (1)
—	Persée. Passacaille	3	96
—	— Divinités de la terre	6/4	100
—	Phaéton. Bourrée	2	112
—	— Le Printemps	2	106
—	— *Hélas une chaîne si belle*	3/2	52
—	Proserpine. Démons du IVᵉ acte	6/4	120
—	Psyché. Démons	2	80
—	Roland. Gavotte	2	97
—	— *J'abandonne ma gloire*	6/4	80
—	Thésée. *Pour le peu de bon temps*	6/8	104
Mathot	Courante	3	81
J.-J. Rousseau	Le Devin de village.		
—	*J'ay perdu tout mon bonheur*	₵	52
—	*Si des galants de la ville*	2	76
—	*Non, non, Colette*	6/8	76

(1) Durée de la mesure entière.

LE RÉCITATIF

Le récitatif représente la partie la plus abondante dans l'opéra et la cantate ; c'est lui qui relie les airs, les ensembles, les scènes, et qui expose la marche de l'action. De tout temps le récitatif s'est modelé sur l'accent des mots, sans se soucier de créer une mélodie ou une forme musicale ; il en résulte une liberté d'allure, particulièrement au point de vue rythmique, qui n'est jamais admise dans les airs. C'est plus de la déclamation que du chant : « La partie la moins musicale de la musique est le simple récitatif, qui tend à se rapprocher de la parole (1). » On peut rappeler à ce sujet la curieuse expérimentation de Voltaire : « La déclamation de Lulli, dit-il, est une mélopée si parfaite que je déclame tout son récitatif en suivant ses notes, et en adoucissant seulement les intonations ; je fais alors un très grand effet sur les auditeurs et il n'y a personne qui ne soit ému. La déclamation de Lulli est donc dans la nature, elle est adaptée à la langue, elle est l'expression du sentiment. Si cet admirable récitatif ne fait plus aujourd'hui le même effet que dans le beau siècle de Louis XIV, c'est que nous n'avons plus

(1) Chabanon (1779).

d'acteurs... Ce récitatif est si beau que Rameau n'a jamais pu l'égaler. « Il me faut des chanteurs, disait-il, et à Lulli des acteurs. »

En 1779, le Pileur d'Appligny, parlant de musique ancienne, met bien en valeur la différence capitale existant entre le récitatif et l'air : « quoique des temps de Lully le chant du Récitatif fût ordinairement noté en 3 temps, l'Acteur avoit la liberté d'altérer les mesures, et de les faire plus longues ou plus courtes selon que le sujet lui paroissoit le requérir ». Au contraire : « l'Acteur, en chantant les grands airs, étoit obligé de se soumettre rigoureusement à la régularité de la mesure, et des mouvements lents ou accélérés qui lui étoient prescrits ».

En principe : « Le modèle de la mesure à 4 temps lents est le récitatif d'un opéra, ou d'un motet, ou d'une cantate (1) », citation qui doit être complétée par celles de Masson : « dans le récitatif d'un motet on bat la mesure, mais dans celuy d'un opéra on la néglige, parce que celuy qui bat la mesure est obligé de suivre la voix afin de ne pas la gêner », et de Choquel : « Le ¢ servant pour les récitatifs, son mouvement est arbitraire, et ce sont les paroles qui le déterminent. »

David (1737) résume la doctrine courante : « Le

---

(1) **Anonyme** de 1722, Vion.

récitatif exige le bon sens et les sentimens de la personne et non des tems marqués par la mesure. A l'égard des expressions et la manière de débiter un récitatif et autres chants qui demandent toute la force de l'esprit et de l'âme, il faut que ce soit le chanteur qui sente ce qu'il dit et qui exprime ses sentimens par toute la véhémence de son chant. » Blainville, après avoir évoqué le débit des acteurs, ajoute : « c'est sur cette déclamation vivante que les autres doivent être modelées ; notre récitatif tient au genre de la déclamation dramatique » (1767). Chabanon va plus loin : « Les paroles lyriques devant être par-tout animées par la passion, le récitatif doit par-tout être touchant et passionné (1) » (1785).

Vers la fin du siècle, le récitatif avait donné lieu, entre amateurs, à des querelles dont les échos corroborent la tradition :

« *Récitatif mesuré.* Ces deux mots sont contradictoires, car lorsqu'on sent la mesure, ce n'est plus du Récitatif, mais du chant (2). » « La vitesse du Récitatif varie suivant le degré d'expression que

(1) Rameau avait traduit cela en langage de musicien, dans son *Code de la Musique* : « N'oublions pas que l'expression d'un sentiment et surtout de la passion ne produit aucun effet qu'en altérant la mesure et en changeant de ton », doctrine courante enregistrée entre autres dans la *Lettre à M...* avec quelques idées sur le récitatif (bibl. de l'Opéra) : « Les chanteurs français sont trop attachés à la mesure, et ce n'est pas ainsi qu'on exprime les sentiments : ce sont les licences en musique qui font souvent le plus grand effet. »
(2) De Meude-Monpas (1787).

le chanteur veut donner aux paroles... *Récitatif mesuré :* ces deux mots sont contradictoires : tout récitatif où l'on sent quelque autre mesure que celles des vers (1) n'est plus du Récitatif (2). »

L'Encyclopédie définit parfaitement les particularités du récitatif : « Il se distingue du chant (3) en ce qu'il n'observe pas un mouvement aussi régulier que le chant. Il arrive souvent que, sans changer l'espèce de la mesure, une mesure entière et ses tems particuliers n'ont pas partout la même durée, et il n'est pas rare d'y voir donner une valeur inégale à deux notes égales, deux noires par exemple.... Le récitatif n'observe point la régularité de la modulation eu égard aux modes relatifs, comme le chant... Ce récitatif étant proprement fait non pour être chanté, mais pour être déclamé musicalement, il ne doit s'y trouver aucun des agrémens du chant. Ce n'est pas qu'un bon chanteur ne pratique quelquefois des coulés, des liaisons et des accens (rarement ou jamais des trils) dans les endroits d'un récitatif qui en sont susceptibles, sans altérer l'expression ; mais ces agrémens seroient ridicules notés, et ceux qui ne sont pas musiciens de naissance et de profession ne les chanteront jamais bien. »

---

(1) C'est ce que dit déjà Rameau en 1755.
(2) Framery.
(3) Des airs.

Telle était la théorie au sujet des agréments. En pratique, bien que ne fussent permis, avec réserve, que les tremblements, les ports de voix, les coulés et les pincés, par négligence ou routine, ou pour faire valoir leur voix, les chanteurs se permettaient des infractions à la règle. Les critiques qu'elles suscitent sont instructives, et confirment tout ce qui précède. L'abus des agréments forçait à ralentir le mouvement du récitatif, qui doit en général être *débité* (1) ; on prétend que « le récitatif moderne est encore moins bon que celui de Lully, et qu'il est plus que douteux que celui-ci fut exécuté de son tems avec cette lenteur qui commence à en dégoûter les plus zélés partisans (2) ».

En 1759 d'Alembert insiste à son tour : « Ce récitatif auquel nous tenons si fort... est aujourd'hui dans nos opéras d'un ennui plus mortel que jamais (3). Les acteurs, pour faire briller leur voix, ne songent qu'à crier et à traîner leurs sons ; la vivacité du débit, si nécessaire au récitatif, est absolument ignorée d'eux ; peut-être même n'en ont-ils pas l'idée. On assure que, du temps de Lulli,

---

(1) Débiter : terme d'opéra ; c'est rendre avec vivacité, rapidité, nuances et précision un rôle de déclamation. Le débit est le contraire de la lenteur.

(2) Villeneuve (1733).

(3) L'auteur des *Remarques au sujet de la lettre de M. Grimm sur Omphale* dit de même : « Le Récitatif François est lent parce qu'il a le malheur d'être chanté avec des agrémens, et que l'on y met plus de ports de voix que de vraie déclamation ; ce qui fait languir l'auditeur, par la lenteur de l'expression. »

le récitatif se chantoit beaucoup plus vite, et il en étoit moins fastidieux ; Lulli qui étoit homme de goût, et même de génie, quoique peu versé dans son art, parce que l'art de son temps étoit encore au berceau, sentit au moins dans ce premier âge de la musique, que le récitatif n'étoit pas fait pour être exécuté avec effort et lenteur, comme les airs destinés à exprimer les sentiments de l'âme. Depuis le temps de Lulli, notre récitatif, sans rien gagner d'ailleurs, a même perdu le débit que cet artiste lui avoit donné, et qu'il faudrait tâcher de lui rendre (1). » Et Mlle de Villers, en 1774, trouve que le récitatif français « est trop chanté ; il y a des cadences, des ports de voix, des martellemens qui y sont déplacés. Les Italiens abandonnent le chant tout-à-fait et réduisent le Récitatif à une véritable déclamation accompagnée d'une ridicule Basse rompue. Les Français tombent dans l'excès opposé, le chantent trop : il ressemble à un Air ». Blainville dit de même : « Pourquoi chanter quand il ne faut que parler ? Pourquoi tant de cadences, ports de voix, coulés, etc. ? tous agréments qui ne doivent être employés qu'aux airs chantans et rarement dans le

(1) J.-J. Rousseau confirme ce point de vue : « Le récitatif de Lulli étoit plus vif et moins traînant ; on le chantoit moins et on le déclamoit davantage ; cela se prouve par la durée des opéras de Lulli, beaucoup plus grande aujourd'hui que de son temps, selon le rapport unanime de tous ceux qui les ont vus anciennement. » Framery dit de même : « Le récitatif de Lulli se débitoit de son temps bien plus rapidement que du temps de Rameau. »

récitatif; agrémens qui ne font que rallentir l'art du geste et l'action du chant et de la déclamation. »

C'est Garcin de Cottens qui met le doigt sur la plaie, et son exégèse est valable pour les interprètes actuels : « les notes rondes, blanches, ou même noires, empêchent qu'on ne distingue suffisamment le récitatif de l'air ; elles induisent outre cela le chanteur en erreur ; j'en ai vu qui, trompés par ces longues notes, s'imaginoient devoir traîner chaque son ; au lieu que des notes en forme de croches, doubles croches, etc., leur indiqueroient clairement que le vrai débit du récitatif n'est pas celui du chant mais un débit approchant de la conversation ordinaire » (1772).

Dans le récitatif, la règle des notes inégales est inopérante : « dans l'expression des airs déclamatifs, récitatifs ou récits mesurez à 2 ou 3 temps simples, les notes croches qui sont dites inégales, s'expriment très souvent égales aux autres croches par rapport à l'expression de la parole et au goût du chant. Et dans les récitatifs, récits de basse ou autres, mesurez à 4 temps simples, les croches qui sont naturellement égales dans leur marche se chantent au contraire souvent inégales, aussi selon le goût du chant et suivant que ces sortes d'airs expriment plus ou moins bien la parole (1) ».

---

(1) Anonyme de 1728.

Il faut remarquer que dans les récitatifs où alternent les mesures ₵ et $\frac{3}{2}$, la blanche conserve toujours la même valeur, ainsi que Choquel a soin d'en prévenir le lecteur, à propos du monologue d'Issé : *Heureuse paix*.

D'autre part lorsque 2 et C alternent, la blanche de 2 égale la noire de C.

Au point de vue de la basse chiffrée, le récitatif a aussi une doctrine particulière. Ainsi « il est bon d'y doubler les accords de la main gauche, principalement dans les accords consonants (1) ».

« Quand on accompagne un long récit, il est beau de demeurer quelquefois longtemps sur un accord quand la basse peut le permettre, et de ne donner les accords que par longs intervalles, supposé que la basse ne fasse que de longues notes. D'autres fois, après avoir frappé un accord rempli sur lequel on s'arrête longtemps, on rebat quelque note toute seule par cy par là, mais avec tant de ménagement qu'il semble que le Clavecin les rende de lui-même sans le consentement de l'Accompagnateur. D'autres fois, doublant les parties, on rebat toutes les notes l'une après l'autre d'une répétition continuelle, faisant faire au Clavecin un pétillement à peu près semblable à de la mousqueterie qui tire (2). mais après avoir fait cet agréable charivari pen-

(1) Corrette.
(2) Tremolo.

dant trois ou quatre mesures, on s'arrête tout court sur quelque grand accord harmonique (1), comme pour s'y reposer de la peine qu'on a eue à faire tout ce bruit (2). »

Toutefois, l'harmonie plaquée des récits ordinaires suit les règles courantes. Bien entendu la *cheute* (3), avec ses piquantes sonorités, peut être employée pour varier la réalisation du récitatif.

Les interprètes n'ont pas à redouter de rendre trop vivante cette partie capitale de l'ancien répertoire français, trop souvent défigurée par des exécutions figées et antimusicales.

(1) Consonant.
(2) Saint-Lambert.
(3) V. p. 87.

LE PRINCIPE DE RAMEAU

Connaissant maintenant les moyens dont disposaient les anciens, et les particularités de leur langage musical, il s'agit de trouver le principe qui ordonnera tous ces éléments. C'est Rameau qui l'expose en détail, à l'occasion des attaques dont la musique française était l'objet (1) ; il ne fait d'ailleurs que présenter explicitement aux profanes des recettes d'école bien connues des compositeurs. Il montre que le musicien possède un critère objectif — par conséquent tout à fait indépendant de sa fantaisie personnelle — pour décider d'une interprétation.

« C'est à l'harmonie seulement qu'il appartient de remuer les passions, la mélodie ne tire sa force que de cette source dont elle émane directement », dit Rameau, qui fait remarquer tout d'abord l'impression de *monotonie* engendrée par l'absence de modulation : « Une musique continuellement compo-

(1) Dans ses *Observations sur notre instinct pour la musique* (1754) et son *Code de musique pratique* (1760). L'assaut principal avait porté sur le monologue d'*Armide* (de Lully) que J.-J. Rousseau avait violemment critiqué. La riposte ne s'était pas fait attendre : en 1753 et 1754 des anonymes *(Justification de la musique française, Réflexions d'un patriote, Au petit prophète de Boemischbroda)* avaient vertement relevé les insolences de l'assaillant ; mais leur dialectique extra-musicale ne pouvait avoir la force probante de l'argumentation de Rameau, purement technique.

sée dans un ton qui n'est varié que par celui de sa quinte, comme sont les airs de trompette, cor, musette et vielle, ne produit aucun effet sur l'âme, si ce n'est par la variété des mouvemens. » D'autre part, Rameau décrit nettement l'effet expressif d'expansion dû à la modulation à la dominante, et l'impression de tristesse propre à la modulation à la sous-dominante. Empruntant un exemple à son propre fonds il ajoute : « Ne se sent-on pas naturellement frappé de componction avec l'actrice qui chante *Tristes apprêts*, etc., au moment de la quinte en dessous, savoir *fa* qui succède à *ut* sur la dernière syllabe ?... Qu'on substitue *sol* à *fa*, l'on en sentira bientôt la différence ; l'âme y restera pour lors dans la même assiette, rien ne la remuera, tout lui deviendra indifférent, tant que le même *ton* (1) subsistera ; il n'y aura plus que le mouvement qui pourra l'y préoccuper, comme en y joignant des paroles joyeuses :

---

(1) Accord.

« Rappelons-nous cette parenthèse de Lully dans son opéra d'Armide, *si quelqu'un le peut être :* cet auteur y substitue justement le *ton* de la quarte (1) au *régnant* (2) qui commence et finit la phrase. Le seul sentiment lui a dicté cette substitution, capable de remuer l'âme au point de faire sentir la situation de l'actrice.

« Lorsque Armide dit : Le Vainqueur de Renaud, et que par réflexion elle ajoûte : *Si quelqu'un le peut être ;* la musique semble lui faire prononcer cette réflexion avec une espèce d'humiliation, de mortification, comme si dans le moment, la crainte de ne pouvoir triompher de ce Héros lui venoit à l'esprit, conséquemment aux neuf premiers vers de son début, dont les deux derniers sont :

Non, je ne puis manquer, sans un dépit extrême,
La conquête d'un cœur si superbe et si grand.

---

(1) De la sous-dominante.
(2) Ton principal.

« En effet, une pareille conquête est une grande victoire pour une coquette : de sorte qu'Armide peut fort bien se comprendre dans le nombre en se disant en elle-même : *Puis-je me flatter, moi-même*, d'en être le vainqueur ? Tel est sans doute le sens qui a guidé Lulli, car si l'on vouloit qu'Armide n'eût prétendu qu'exalter simplement la gloire de son Héros, sans se rappeler en même tems la crainte de n'en pouvoir triompher, Lulli n'auroit pas manqué de nous le faire sentir par un autre fonds d'harmonie :

Texte de Lully : côté de la sous-dominante.

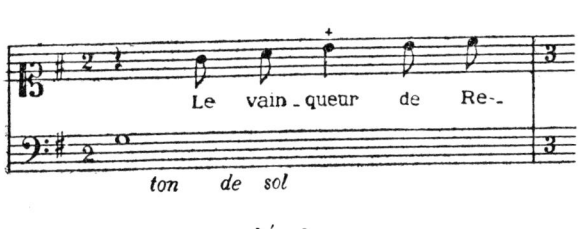

Texte modifié par Rameau : côté de la dominante.

« Il faut d'abord chanter cette musique dans le mouvement qu'exigent les paroles, sans les y joindre, et sans s'y occuper d'aucun autre sentiment que de celui que la mélodie peut y faire naître d'elle-même, en y remarquant le côté pour lequel on se sentira plus de penchant à la molesse ou à la fierté : et pour lors, toute prévention à part, le nouveau *bémol* qui se trouve du côté de la sous-dominante fera incliner naturellement pour la molesse : au lieu que le nouveau *dièze*, donné par le fonds d'harmonie du côté de la dominante, obligera d'animer le chant et le rendra susceptible de toute la fierté dont on voudra l'accompagner.

« Dès qu'on veut éprouver l'effet d'un chant, il faut toujours le soutenir de toute l'harmonie dont il dérive : c'est dans cette harmonie même que réside la cause de l'effet, nullement dans la mélodie qui n'en est que le produit... Le nouveau *bémol* oblige de ramolir le chant malgré qu'on en ait ; à moins qu'on ne veuille s'y donner la torture pour en tirer une expression contraire au sentiment que ce *bémol* fait naître, comme cela arrive quelquefois à des personnes, qui prévenues en faveur d'une certaine expression, veulent la faire quadrer, à quelque prix que ce soit, avec un chant qui y est tout opposé : et c'est à quoi il faut bien prendre garde. »

★

« Le même effet se présente dans ce vers : *Le charme du sommeil le livre à ma vengeance*, du monologue du même opéra, qui commence par : *Enfin il est en ma puissance ;* tout y est compassé dans le véritable ordre que peut inspirer la nature. Quel goût ! quel génie ! quel sentiment ! Le monologue débute par le *Ton mineur* de *mi* et passe à son *majeur* relatif à la tierce, qui est celui de *Sol*, pour donner plus de force aux épithètes dont Armide caractérise son héros : de-là, pour faire sentir sa réflexion sur l'accident qui le met en sa possession, *Le charme du sommeil le livre à ma vengeance*, vient immédiatement *sol dièze* qui donne justement le *Ton* de la quarte du *régnant* (sous-dominante) savoir le *mineur* de *la ;* puis se livrant à son transport, c'est par ce *ton régnant* qu'elle exprime, *Je vais percer son invincible cœur...* Que l'on continue le *Ton majeur* de *Sol*, qui précède celui de la quarte en question, sur ces paroles, *le charme du sommeil*, etc., comme cela se peut, on en éprouvera un effet tout opposé à celui que doivent inspirer les paroles.

Le charme du sommeil le livre à ma vengeance

Rameau observe : « Le *Tril* fait beauté dans notre musique sur-tout dans le cas présent où il ajoûte de la force au mot *puissance* sur lequel porte tout le sens du Vers... Armide s'applaudit ici d'avoir Renaud en sa puissance, et pour y exprimer son triomphe, rien n'est mieux imaginé que le *Tril* qu'elle y emploie : *Tril* justement semblable à celui des trompettes dans les Chants de Victoire.

« ...Employer d'abord le *Mode Mineur*, pour que sa molesse opposée à la vigueur du *Majeur* y ajoûte un nouvel aiguillon, et la redouble, pour ainsi dire, dans le moment que ce *Majeur* va terminer un repos absolu, sur ces mots, *ce superbe Vainqueur*, voilà le grand coup de Maître : car enfin ce n'est que sur ces derniers mots que porte tout le dépit d'Armide, ce n'est point *ce fatal ennemi* qui l'occupe, non plus que ses captifs délivrés, comme elle le dit ensuite pour s'exciter à une action que son cœur dément, ce n'est que le mépris de Renaud pour ses charmes qui blesse son orgueil.

« Un homme de goût et de sentiment peut-il se méprendre, quand la raison l'éclaire, sur le grand art qu'il y a d'adoucir une première expression pour porter toute la force sur la principale par l'opposition du contraste, *Le charme du sommeil* ne conclut rien encore, et c'est sur *le livre à ma vengeance* que le tout doit porter.

« Lulli pensoit en grand et certainement ne s'est point endormi sur ce dernier vers : il le commence d'abord dans le Mode de la *sous dominante* qu'annonce le *dièze*, puis enjambant sur la *Tonique* il passe à sa *Dominante* où la force se redouble, pour exprimer, *le livre à ma vengeance*, il porte la voix dans le bas, pour que s'élevant ensuite avec rapidité, elle fasse sentir toute la fureur à laquelle Armide s'efforce de se livrer, en disant, *je vais percer*, etc. Il y a plus, c'est que la *Dominante*, choisie pour le repos qui précède ce dernier Vers, fait souhaiter un nouveau repos sur la *Tonique* qui doit la suivre : de sorte qu'on sent par-là qu'Armide a encore quelque chose à dire, lorsque cependant le sens qui finit avec le Vers n'en donne aucun soupçon. L'adresse du Musicien sera-t-elle comptée pour rien en ce cas ? et peut-on la passer sous silence ?

Rameau propose alors de modifier la basse comme ceci :

dièse de Lully

« Si Lulli a suivi une autre route, c'est que les dièzes qu'on voit ici détruisent tout le contraste, sans lequel il a bien senti qu'il ne pouvoit donner aux deux expressions, qui viennent ensuite, toute la force qu'elles demandent.

« Si toute l'impétuosité du mouvement tombe sur, *Je vais percer son invincible*, peut-on mieux la rendre qu'en montant par gradation et avec rapidité jusqu'au moment où Armide doit avoir jetté tout son feu, pour la terminer par un tril (1).

Rameau continue l'analyse tonale : « observer la nature des modes (2) employés pour tenir l'Auditeur en suspens jusqu'au moment où le grand coup doit porter ». (On comparera avec intérêt les différences de chiffrages, d'agréments, de valeurs entre sa version et le texte de Lully.)

---

(1) Sur le ré dièze ; il n'est pas marqué, mais l'usage était alors de mettre un tremblement sur les notes diésées.
(2) Tons.

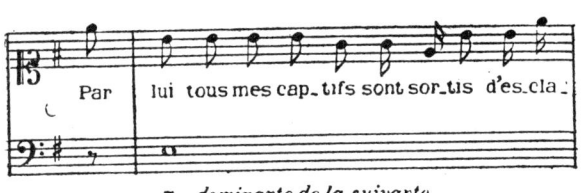

Il achève son exégèse en réalisant ainsi le chiffrage des dernières mesures :

Il a soin de spécifier, d'une part, qu'on ne voit aucun de ces dièses ni bémols dans le chant, dans la basse, non plus dans le chiffre : « aussi faut-il plus que des yeux pour juger en pareil cas (1) » — de l'autre, que les chiffres « qui ne sont point à la Basse de Lulli, n'existent pas moins dans le fond

---

(1) Épigramme envoyée aux ennemis de l'art français ; elle prouve qu'à travers la lettre de la notation il faut chercher l'esprit de la musique.

de l'harmonie. » Il fait remarquer que « la puissance de *Je frémis* est düe au bémol sous entendu ». D'ailleurs, « qu'on donne à *Je frémis* le chant de *Vengeons-nous*, le saisissement, le trouble que l'acteur y voudra peindre, paraîtra gauche, forcé ».

Sur le mot *Frapons*, l'emploi de la tonique *mi* pour supporter la syllabe accentuée répond à l'idée d'une décision inébranlable. Au mot *Ciel !* la surprise de se voir arrêtée entraîne la modulation en sol (1).

Monologue d'Armide. Texte de Lully.

(1) Rameau ajoute une intéressante indication d'exécution : « Un

tril bref et battu rapidement sur la fin de *Vengeons-nous*, et suspendu par un seul battement mol sur *Je soupire* ajoute à l'expression. »

Ce document capital montre au grand jour des recettes d'école qui, passant de bouche en bouche, n'étaient consignées nulle part. Rameau y énonce explicitement, pour la première fois dans l'histoire de la musique, la loi de l'expression musicale, résultant de l'emploi raisonné des modulations (1). Il y avait longtemps qu'on connaissait la sensation de dépression due à l'emploi de la sous-dominante ; Rémy Carré dans le *Maître des novices* (1640), rappelle une vieille opinion des plain-chantistes : « le bémol a quelque chose de triste ; c'est pourquoi on le fait entrer souvent dans les pièces lugubres. » Mais Rameau pose ici les bases de la théorie qui sera développée par Grétry et V. d'Indy : les tonalités situées du côté de la dominante (2) expriment la chaleur, la lumière, la gaieté, l'expansion ; les tonalités situées du côté de la sous-dominante (3) traduisent le froid, l'obscurité, la tristesse, la concentration. Par conséquent, *le principe fondamental d'interprétation de la musique ancienne est le même que celui de la musique moderne.*

★

La difficile question des nuances se trouve réglée en même temps. En effet, bien que la plupart des

(1) Cette analyse donne raison à l'auteur de la *Lettre à Mme la Marquise de P...* (1741) : « Plus on entend le récitatif de Lulli, plus on en admire la beauté. A la trentième représentation de ses opéras, on y découvre des finesses admirables, et qui avoient échappé jusques-là. »
(2) Dans le ton d'Ut, les tons avec des dièses.
(3) En Ut, les tons avec des bémols. Ces nuances étaient bien senties, comme l'atteste Lacombe : « Les intervalles superflus, les dièzes dans le haut, sont propres par leur dureté à exprimer l'emportement et la colère ; au contraire les bé-mols, les intervalles diminués forment une harmonie plaintive, qui attendrit le cœur. »

pièces les plus anciennes ne portent aucune indication de *fort* ou de *piano*, les nuances étaient pratiquées. En 1650, de Gouy écrit : « Pour bien exprimer la passion, on doit tantost adoucir la voix et tantost la fortifier ; l'adoucir aux passions tristes, et la fortifier aux paroles où il y a quelque véhémence. »

Le violiste Rousseau recommande de « pousser le ton, et l'adoucir suivant que les voix ou les instrumens le demandent (1687). » En 1703, Brossard décrit le forte et le piano ; ce dernier « doux, comme un écho ». Dans la méthode de musique anonyme de 1728, l'auteur parle de l'écho, « répétition douce, à petit bruit, des différens desseins ». Il se fait « en appuyant moins fort sur les instrumens à corde, en soufflant plus doucement dans ceux à vent, et par l'entremise de sourdines (1), ou petites machines propres à diminuer la plénitude et la force de leurs sons ». Il cite le *fortissimo*, très fort ou à grand bruit.

Laurent Garcins expose la théorie courante : « Je ne connois rien dans le jeu des instrumens qui porte tant d'expression aux paroles, que les *piano, crescendo, forté*, qu'on a appellées avec raison l'âme

---

(1) Les sourdines d'instruments à cordes étaient d'un usage général au temps de Lully. Il est intéressant de noter que les répétitions en écho se font fréquemment à l'octave inférieure, le son grave paraissant moins éclatant que l'aigu.

de la musique. Si quelque chose donne à la musique purement instrumentale cette vie, cette chaleur, cet esprit qui supplée en partie à sa séparation d'avecque les paroles, c'est ce changement successif ou brusque du doux au fort, qui sert à passionner, en quelque sorte, une langue dont les signes sont arbitraires. »

En observant que les orgues, par leur construction même, ont toujours permis les plus vastes oppositions de sonorité, il sera facile de se convaincre que les nuances ont été pratiquées de tout temps, en dépit du mutisme des éditions anciennes. S'imagine-t-on d'ailleurs ce que serait une musique sans nuances ?

Mais il s'agit de savoir où les placer : dépendent-elles du seul caprice individuel, des possibilités techniques de l'exécutant, ou obéissent-elles à une loi générale d'architecture musicale ? La réponse — affirmative — est fournie par la théorie de Rameau ; la modulation aux tons situés du côté de la dominante s'accompagnera des nuances *crescendo* et *forte ;* la modulation en sens inverse demande le *decrescendo* et le *piano*. On constate une fois de plus qu'une analyse harmonique serrée est indispensable pour exécuter la musique ancienne.

★

Jusqu'au commencement du xvIII^e siècle, on ne composait que dans des tons très peu chargés de dièses et de bémols (1). Il n'avait pas tardé à s'établir une sorte d'éthique des tons, conforme au principe de Rameau : « il y en a qui sont propres pour la joye, d'autres pour le sérieux, et d'autres pour les plaintes (2) ».

M. A. Charpentier dresse le tableau suivant, qui donne d'utiles renseignements sur le caractère attribué aux diverses tonalités :

C maj. gay et guerier.
C min. obscur et triste.
D min. grave et deuot.
D maj. joyeux et très guerrier.
E min. efféminé, amoureux et plaintif.
E maj. querelleur et criard.
E ♭ maj. cruel et dur.
E ♭ min. horrible, affreux.
F maj. furieux et emporté.
F min. obscur et plaintif.
G maj. doucement joyeux.
G min. sérieux et magnifique.

---

(1) En 1745, Dornel constate que « M. Clérambault a pratiqué le *si naturel tierce majeure*. D'autres, plus téméraires, ont donné des tons outrez, comme *Fa-dièze-maj.*, *Si-B-mol-min.*, etc. ».
(2) De Gouy, 1650.

A min. tendre et plaintif.
A maj. joyeux et champêtre.
B ♭ maj. magnifique et joyeux.
B ♭ min. obscur et terrible.
B ♮ min. solitaire et mélancolique.
B ♮ maj. dur et plaintif.

Près d'un siècle après, Lacombe témoigne que la tradition s'est fidèlement maintenue : « Les bons compositeurs préfèrent par la force du sentiment, le *ré*-majeur pour les chants éclatants, l'*ut*-mineur pour les expressions pathétiques, le *fa*-mineur dans les expressions sombres, lugubres... Le mineur par le *bé-mol* sera convenable pour les sentimens qui ont une expression tendre et pathétique, et le mode majeur par le *dièze* pour les passions vigoureuses. Il y a des majeurs par des *bé-mols*, et des mineurs par des *dièzes* ; mais alors l'un et l'autre modes perdent beaucoup de leur propriété, le *bémol* ayant toujours une expression tendre, et le *dièze* une articulation ferme. »

LA MUSIQUE VUE PAR LES FRANÇAIS DU XVIIIe SIÈCLE

Les Français du xviiie siècle, considérant le chant comme modèle suprême de toute musique, ont tiré de ce principe la conséquence logique : pour eux, la symphonie pure n'existe pas ; seule a droit de cité le poème symphonique (1). Toutes leurs formes instrumentales — sonates, concertos, etc. — sous-entendent un argument littéraire qui ne nous est pas connu explicitement, mais qu'il faut reconstituer. On allait très loin dans ce sens : « la musique instrumentale toute seule sera une langue qui s'écrit sans voyelles, comme quelques langues orientales ; et si elle accompagne des paroles chantées, les voyelles seront mises », dit Morellet, et Chabanon ne craint pas de s'engager dans une voie dangereuse : « Duos, trios, pièces de clavecin, tout peut s'arranger avec des paroles, pourvu que la musique ait du caractère. » L'interprète devra

---

(1) On nomme *symphoniques* toutes les formes instrumentales indépendantes : symphonie, sonate, quatuor, variation, fantaisie, fugue. On appelle *poème symphonique*, les pièces instrumentales dont la compréhension exige un « programme » ou argument littéraire, si bref soit-il.

donc confectionner un livret, inventer une petite histoire à l'occasion de chaque pièce instrumentale.

Mais cette opération ne se fait pas au hasard ; l'arbitraire est contenu entre des limites assez strictes ; les auteurs nous exposent clairement la théorie en vigueur. Voici d'abord Rémond de Saint-Mard : « Il est de fait que de beaux airs de violon, ceux par exemple de Lulli, quelques-uns de Campra, réveillent les passions... chaque particulier en est ému... le caractère de ces différentes symphonies... est assez démêlé pour qu'on leur ait assigné un nom particulier, nom qui exprime le caractère de la symphonie, et l'espèce de rapport qu'elle a avec nos passions. Qu'on vous annonce, par exemple, une gavotte, vous compterez aussi-tôt sur un morceau de musique qui vous peindra une gayeté vive et douce ; et si la gavotte est bien faite, vous jouirez de ce qu'on vous a promis. Parcourez les différens genres de symphonies, vous leur trouverez à tous quelque chose de particulier qui les distinguera. La gigue est vive et un peu folle, la passacaille est tendre, la chacone variée, la courante noble, grave et majestueuse. La sarabande, toujours mélancolique, respire une tendresse sérieuse et délicate (1) (1741). »

---

(1) On remarquera l'importance donnée aux danses : elles formaient le seul répertoire symphonique alors en usage ; il ne faut pas oublier en outre que dans une cinquantaine d'années l'allemande

Brijon (1763) voudrait « qu'on écrivît en tête le sujet qu'on va traiter. Cela soulagerait beaucoup les exécutants et assurerait d'autant la satisfaction des auditeurs ». Il enseigne, conformément à l'exégèse courante : « Concerto — dialogue entre divers interlocuteurs auxquels un seul fait face... Le *tutti* par lequel il commence, expose les propositions qu'il s'agit de discuter dans le cours de la pièce ; et les contradictions qui en résultent forment alors un combat musical entre le *solo* et le *tutti* ; combat qui se termine par une réunion de sentimens et d'idées. La fin de ce morceau doit allier, pour l'ordinaire, la force à l'agrément, l'énergie à la gaieté... Quant aux symphonies, elles sont proprement destinées à former de grands tableaux, à exprimer des événements frappans, soit dans le moral, soit dans le physique, et surtout ceux de ce dernier genre. Telle est, p. ex., l'image d'une bataille, ou d'une tempête, ou d'un tremblement de terre, etc. » A la même époque, Béthizy tient exactement le même langage : « Il faut se proposer, dans chacun des morceaux d'un concerto, quelque chose à peindre ou à exprimer, du moins par la partie principale. Beaucoup d'objets naturels et plusieurs sentiments de l'âme peuvent être rendus par les instrumens (1)..»

---

sera devenue l'allegro initial de la symphonie beethovénienne, la sarabande son adagio, le menuet son scherzo, la gigue son finale.

(1) « Les premiers ouvrages de Mondonville sont remplis d'images et de tableaux dignes des plus grands peintres», écrit Ancelet en 1757.

A propos de l'ouverture, genre symphonique ressortissant à la musique dramatique, la *Réponse à la critique de Castor* (1773) note judicieusement : « Une ouverture d'opéra est une symphonie d'une espèce différente de celles des concerts particuliers. Elle est introductive du sujet, et doit porter un caractère distinctif de fierté, de grandeur, de noblesse ou d'agrément, etc. C'est avec raison que le public est dans cette idée ; et quand il entend une ouverture qui n'est pas ainsi frappée, il dit naturellement qu'elle est mauvaise, parce qu'elle n'annonce rien (1). »

En 1771, Morellet consigne des règles vieilles comme la musique, puisqu'on retrouve certaines d'entre elles dans des traités de musique byzantine : « Il est facile de voir que les moyens d'imitation qu'a l'organe de la voix pour peindre les objets physiques, leur action, leurs mouvemens, etc., la

---

(1) On voit que les idées appliquées par Wagner n'étaient pas neuves. Brijon disait de son côté : « presque aucun des airs qu'on exécute dans les entractes n'a rapport à ce qui se passe derrière la scène. Qu'on juge de l'effet que produirait une méthode opposée ? Elle rendrait à coup sûr la satisfaction du public plus entière, et par suite le spectacle plus complet ». On lira avec intérêt les lignes suivantes de Lacépède (1785) précisant nettement le rôle du *leitmotiv* : « Le musicien peut rappeler les morceaux touchans déjà entendus, ou en plaçant au milieu du chant de ses personnages, les chants les plus marqués de l'air qu'il veut rappeler, et dont il veut faire revivre l'effet, ou en répandant ces chants dans les accompagnemens qu'il fait entendre, ou en rappelant simplement les accompagnemens du morceau dont il invoque le secours, et en les faisant servir d'accompagnemens ou de chant, dans le moment où il a besoin de beautés étrangères. D'ailleurs, ne liera-t-il pas davantage, par ce moyen, les différens morceaux qui composeront son opéra ? »

musique peut s'en servir avec bien plus d'avantages pour exécuter l'imitation à laquelle elle travaille.

...Elle peindra les bruits et les sons par les sons les plus analogues ; l'élévation d'un objet par des sons élevés, et sa profondeur par des sons graves ; la distance par l'opposition de ces deux sortes de sons ; la fuite par des sons soutenus et s'affaiblissant par degrés comme les impressions que fait sur nos sens un objet qui s'éloigne et fuit ; son approchement par une marche contraire ; la violence d'un torrent, qui entraîne tout sur son passage, par une succession rapide de sons fortement prononcés et liés ensemble, qui représentent le mouvement de cette masse d'eau agissant comme un corps solide ; le nuage flottant qui s'élève par un chant promené sur un fonds d'harmonie égal ; la mer agitée, par un mouvement rapide de sons liés, comme les flots qui se succèdent en se poussant ; le bruit du tonnerre qui roule, par une suite diatonique de sons détachés allant de l'aigu au grave, et du grave à l'aigu ; l'éclair qui brille, par des traits de chant élevés et légers ; la foudre qui éclate, par des sons plus graves et plus frappés, les uns et les autres sortant tout-à-coup d'une harmonie pleine et soutenue ; la pluie, par des sons détachés et descendant de l'aigu au grave à des intervalles peu distans, et dont le mouvement peindra ce que les latins ont appelé *stillicidium*, d'un nom assurément bien imitatif ; le cours paisible d'un ruisseau, par la répétition d'une phrase courte et diatonique confiée aux instrumens les plus doux, et soutenue par une basse continue et très simple ; le fleuve qui roule ses eaux avec plus de rapidité et de majesté, par une imitation à-peu-près semblable, mais avec des sons plus graves, des instrumens plus forts, plus pleins, et une basse plus travaillée ; le lever du soleil, par un gazouillement d'instrumens aigus, semblables au chant des oiseaux ; la fraîcheur du matin, par la légèreté des mouvemens et la délicatesse des sons, par une harmonie simple et facile qu'on saisira sans effort, et qui mettra l'âme dans cet état de douce émotion que cause le spectacle du réveil de la nature ; le phénomène de l'accroissement successif de la lumière pourra être imité par l'accroissement successif de la force de l'harmonie ; l'éclat du jour, par l'éclat des sons ; la lenteur majestueuse du soleil, par la gravité du mouvement, et la force de ses rayons, par une harmonie pleine et forte ; son coucher, par des dégradations et un affaiblissement successif des sons ; le retour des troupeaux, par des chants imités de ceux des bergers qui aient un caractère de douceur et de simplicité ; le silence de la nuit, par le jeu des instrumens adoucis et en sourdine, par des sons voilés comme la nature ; l'incertitude et le tâtonnement d'un homme dans les ténèbres, par des sons coupés et vagues ; un combat, par des mouvemens fiers et rapides, par l'emploi de tous les instrumens guerriers, par des changemens brusques de modulation, par beaucoup de dissonances, par des chants chromatiques, exprimant les cris douloureux des blessés et des mourans ; la victoire, par des chants élevés et brillans, par des voix fortes et mâles, etc.

« Il y a un rapport entre les sons étouffés et le serrement de cœur que les chagrins... ou la crainte nous font éprouver.

« Il y a un rapport entre certains mouvemens dans la musique, et l'agitation intérieure que les passions causent ; entre les mouvemens lents et l'abattement.

« Il y a un rapport entre un mouvement modéré et cependant *andante*, et la sérénité de l'esprit ; entre un mouvement vif et la gaîté ; et, par la raison contraire, entre la lenteur du chant et la tristesse.

« Il y a un rapport entre la marche d'un chant qui procède chromatiquement, et le sentiment de la douleur même lorsqu'elle est muette.

« Il y a un rapport entre le mode mineur et la mélancolie, et entre le mode majeur et la gaîté.

« Il y a un rapport entre certains intervalles, tels que la tierce mineure, la sixte mineure en montant, la quarte et la fausse quinte en descendant, etc., et les sentimens doux ; et entre les intervalles de tierce majeure, de quinte, de sixte en majeur en montant, et des sentimens plus fermes et plus décidés (1). »

Voici maintenant quelques secrets techniques, vraisemblablement empruntés à des praticiens :

« Dans le mode mineur, la sixième note du ton est plus tendre que toutes les autres : toutes les fois qu'elle se représente, fût-ce même dans l'allegro le plus gai, elle exige de l'exécutant une inflexion plus molle et plus affectueuse : dans le mode majeur, c'est la quatrième note du ton (2) qui a cette propriété ; c'est elle qui, par sa vertu intrinsèque, rappelle l'exécutant à une expression pathétique, même lorsque la note de la mélodie le conduit à une sensation différente... La musique tendre emploie des mouvemens sans vitesse : elle lie les sons, elle ne les fait point contraster, se heurter l'un l'autre. Dans ce caractère de musique, la *brève piquée* ne maîtrise point impérieusement la *longue pointée* qui lui est jointe (3), et l'exécutant modifie ses sons par des vibrations larges. Ceux dont le goût incline à la tristesse, traînent les sons, leur archet craint de quitter la corde ; leur voix donne au chant je ne sais quoi d'indolent et de paresseux. La musique gaie pointille les notes, fait sautiller

---

(1) On trouve la même théorie dans Lacombe (1761) et d'autres. C'était ce qu'on appelait alors « imiter la Nature ».

(2) La sous-dominante. Tout ceci confirme la théorie de Rameau.

(3) Autrement dit, les notes pointées, au lieu d'être exécutées par saccades, se font « tendrement ».

les sons : l'archet est toujours en l'air, et la voix l'imite (1). » La thèse est confirmée par Marchand : « La parole est diversement accentuée selon les diverses passions qui l'inspirent : de là le musicien tire les différences des chants qu'il emploie, et faisant procéder la voix dans le bas par de petits intervalles pour exprimer la *langueur*, la *tristesse* et l'*abattement* : lui arrachant dans le haut les sons aigus de l'*emportement* et de la *douleur*, et l'entraînant rapidement par tous les intervalles de son diapason dans l'agitation du *désespoir* ou l'*égarement des passions contrastées*... Les musiques les plus passionnées sont communément celles où les tems, quoiqu'égaux entre eux, sont le plus inégalement divisés ; au lieu que l'image du sommeil, du repos et de la paix de l'âme, se peint volontiers avec des notes égales, qui ne marchent ni vite, ni lentement » (1783).

Les compositeurs sont très sobres de détails sur leurs procédés de travail. On serait privé à ce sujet de tout renseignement intéressant si l'érudit S. de Brossard n'avait entrebâillé une fenêtre sur ce domaine inexploré (2) :

(1) Chabanon (1779).
(2) Ms. fr. n. a. 6355.

« Plan ou l'idee generalle d'une piece ou la distribution de la matière en plusieurs morceaux, dont on destine chacun pour etre d'un tel ou tel caractere.

« Par exemple :

« Supposé qu'on ait un Pseaume à mettre en musique, c'est en faire le Plan que de destiner les versets, l'un pour être un Récit, l'autre pour être un Duo, l'autre pour être un Trio, l'autre pour être un Chœur, etc., il est de l'esprit de la prudence du compositeur de bien distribuer sa matière en sorte qu'il y ait de la uariété et de la conuenance. Il ne conuiendroit pas par exemple dans le Pseaume *laudate pueri Dum*, de faire un récit ou un chœur d'enfans de *laudate*, et un grand chœur de *sit Nomen dni*, etc., cela seroit contre le genre des parolles.

« Plan particulier c'est l'idée d'un morceau entier ; comme d'un récit, d'un trio, d'un chœur, ou d'un uerset, de deux et mesme de trois versets.

« Par exemple après avoir fait le plan général des versets de *laudate pueri* et auoir déterminé que *laudate* commencera par un grand chœur et le *sit Nomen* par un petit chœur d'enfans, je fais le plan de mon premier chœur. Je détermine le mode, je détermine le mouuement. J'examine les parolles pour ce qui regarde l'expression, les répétitions et le jeu. Je trouue qu'il faut un chant gay, gratieux, un mouvement aisé et qui inspire l'allégresse. Qu'on peut repetter *Laudate, Laudate pueri, Laudate pueri Dum...* » (1).

Laugier trace à grands traits un tableau instructif des principales habitudes du XVIIIe siècle, résumant tout ce qui a été dit jusqu'ici : « La bonne exécution demande que l'on entre bien dans la pensée du compositeur et dans l'esprit de la chose ; qu'on s'attache à donner à chaque note sa valeur précise ; qu'on ne s'émancipe point à y ajoûter de son autorité privée des ornemens de surérogation (2) ; qu'on s'en tienne scrupuleusement à la lettre, se contentant de mettre l'âme et le feu dont la lettre ne parle point... La plupart s'imaginent bien exécuter en fredonant (3) beaucoup. Campra disoit un jour à un de ces Violons, petit Maître, qui s'étoit avisé de broder un de ses accompagnemens : *Vous avez voulu faire l'habile homme, et vous n'êtes qu'un sot. Si vos fredons étoient nécessaires, je les aurois mis.*

« Pour qu'une musique soit bien exécutée (il faut) fournir suffisamment toutes les parties, de manière que chacune fasse son effet, que les parties principales, telle que le dessus et la basse, dominent davantage, que les parties accessoires telles que la

---

(1) L'auteur, contrairement aux Italiens, est ennemi des répétitions qui n'ont pas de sens : *sit nomen Dni benedictum, Domini.*
(2) V. p. 91 . Il s'agit ici de l'exécution d'ensemble.
(3) Variant leur partie.

haute-contre et la taille soient moins ressenties, afin qu'il en résulte une harmonie où rien ne déborde et qui aye de l'unité. On ne peut trop recommander de fournir les basses plus que tout le reste, parce qu'elles sont le fondement de l'harmonie, et à cause de la nature du son grave qui est toûjours le moins perçant. L'une des grandes beautés de l'orgue, ce sont ses basses un peu exagérées. Dans les chœurs c'est toûjours la basse qui dessine le tableau et qui consomme l'expression. Elle doit donc prévaloir et occuper l'oreille plus que toute autre partie. »

L'EXPRESSION

Tels sont les moyens dont disposaient les Français du XVIIIe siècle et leur manière de sentir ; le but à atteindre tient en un seul mot, plus facile à comprendre qu'à définir : l'*expression* (1). Cette musique, que d'aucuns se complaisent aujourd'hui à trouver froide et compassée, était émouvante ; et quand on la joue actuellement de manière ennuyeuse, ce sont les modernes qui ont tort : ils trahissent les anciens. A propos de l'*Alceste* de Lully (1674) Mme de Sévigné écrit : « On joue jeudi l'opéra qui est un prodige de beauté : il y a déjà des endroits de la musique qui ont mérité mes larmes ; je ne suis pas seule à ne les pouvoir contenir. » Et en 1685, pour *Roland :* « Je vous recommande l'opéra ; vraiment vous êtes cruelle de donner en l'air des traits de ridicule à des endroits qui vous feront pleurer quand vous les entendrez avec attention. »

Si on admet que Mme de Sévigné était une sentimentale, ayant la larme facile, récusera-t-on le témoignage de Bossuet, qui dénonce les graves

---

(1) « Unique objet du musicien », dit Rameau.

méfaits de la musique quand elle s'insinue perfidement dans les cœurs pour y provoquer les pires désordres ? D'ailleurs « Boileau disoit que Lully avoit énervé la musique, que la sienne amolisoit les âmes, et que s'il excelloit — c'étoit surtout dans le mode lydien (1) ».

La musique religieuse elle-même était expressive : c'est encore Mme de Sévigné qui écrit : « Il y eut un *Libera* où tous les yeux étoient pleins de larmes. Je ne crois point qu'il y ait une autre musique dans le ciel. » Et La Vieville de Freneuse spécifie : « La musique d'église doit être expressive. La science de la musique, et de la musique d'église plus que la prophane, n'est autre chose que la science d'émouvoir vivement et à propos. » On pourra aussi méditer la critique qu'il fait plus loin d'une exécution du *Miserere* de Lalouette : « quoique les religieuses qui l'exécutoient ne l'exécutassent pas avec toute la tendresse qu'il faloit... ».

Le même auteur ajoute : « L'expression d'un chanteur consiste à entrer vivement et à propos dans la passion des vers qu'il chante : à les *passionner*, c'est le terme, en homme qui les entend et qui y est sensible le premier. » Au cours du XVIIIe siècle ce texte suscite de nombreux échos. Voici Rémond de Saint-Mard (1741) : tel est « le but de

---

(1) Consacré à l'amour. Daquin.

notre musique... on travaille tant qu'on peut à exprimer les passions, et par-là on nous rend le service de remuer quelquefois les nôtres : aussi faut-il avouer que de toute la musique, la nôtre est la plus touchante, la plus gracieuse et la plus pathétique ; peut-être, il est vrai, en est-elle moins sçavante ; mais est-ce un si grand malheur, et ne nous suffit-il pas quelle soit plus agréable ? » Et l'auteur morigène les acteurs de l'opéra, auxquels il reproche de ne point nous toucher, de ne pas atteindre notre sensibilité. A la même époque (1746) Bollioud de Mermet rappelle que « l'objet principal du compositeur doit être d'émouvoir et de plaire ». Inversement l'Encyclopédie rappelle aux exécutants qu'il faut « entrer dans toutes les idées du compositeur, sentir et rendre le feu de l'expression ». En 1774, de Villers rappelle le point capital : « la grande règle, c'est de ne jamais perdre de vue la passion qu'on veut peindre, afin de la conserver toujours présente à l'esprit des auditeurs ». Et à la fin du xviiie siècle, deux textes résument, conformément à la tradition, les *desiderata* de l'école vocale et de l'école instrumentale : « Prononcez les mots bien distinctement, et avec passion, voilà l'expression et l'accent qui sont l'objet principal de la musique (1). » « On dit jouer avec *âme* du

---

(1) Lettre de Borghèse à Julie (1781).

violon, du hautbois, du clavecin. Cette *âme* se fait sentir par des nuances du doux au fort, par des sons renflés sur les instrumens qui en sont susceptibles, par une certaine altération des valeurs de notes, qui n'est point l'altération de la mesure, par un grand nombre de moyens dont il est plus aisé de concevoir l'effet que de les définir (1). »

On savait depuis longtemps, dans l'école française, que le mystérieux travail de la composition devait tout au génie. Petit Coclicus, qui nous transmet la doctrine de Josquin des Prés, déclare en 1552 : « Compositor... ad componendum magno ducatur desiderio, ac impetu quodam naturali ad compositionem pellatur, adeo ut nec cibus nec potus ei sapiat ante absolutam cantilenam, nam una hora plus conficitur, cum impetus ille naturalis sic urget, quam alias in integro mense. Inutiles itaque sunt componistæ quibus desunt singulares hi motus (2). » Voici, deux siècles après, le pendant de cette description : « Il y a des moments heureux pour le génie ; lorsque l'âme enflammée comme d'un feu divin se représente toute la nature, et répand sur les objets cet esprit de vie qui les anime, ces

---

(1) Framery (1791).
(2) Le compositeur doit être poussé à écrire par un élan impétueux, au point d'en perdre le boire et le manger jusqu'au moment où le morceau est terminé. On en fait plus en une heure dans ce cas qu'autrement en un mois. On peut dire que les compositeurs auxquels manquent ces élans extraordinaires sont absolument sans valeur.

L'EXPRESSION 231

traits touchants qui nous séduisent et nous ravissent. Cette situation de l'âme se nomme *Enthousiasme* (1). »

A une musique ainsi conçue, il faut une interprétation en rapport avec elle ; le texte suivant, qui condense toute la tradition, en donne la clé : « Se passionner dans l'exécution et donner de l'âme à son jeu. Point de musique, si elle ne va au cœur et n'y porte de l'émotion (2). »

★

Et pour atteindre cet idéal de l'art français, jamais de règles impératives, aucun mécanisme automatique : il s'agit de musique et non de géométrie. D'autre part, aucune outrance ; simplement la recherche d'un harmonieux équilibre, d'une parfaite eurythmie ordonnée par le goût, régulateur suprême, puisque « le bon goût détermine souvent à des choses dont on ne peut donner d'autre raison que le goût même (3). »

(1) Batteux (1773).
(2) Note manuscrite de Mollien (22 janvier 1792) en marge de l'exemplaire de l'*Art de se perfectionner dans le violon* de Corrette (1782) appartenant à la Bibliothèque du Conservatoire de Paris. Quantz avait déjà dit : « Ce qui ne part pas du cœur ne peut aller au cœur. » (1752). On sait que le mot a été repris par Beethoven.
(3) Saint-Lambert.

TABLE DES MATIÈRES

	Pages
Introduction	v
I. — Le matériel sonore	1
II. — Les agréments	53
III. — La basse chiffrée	104
IV. — Particularités diverses	136
V. — Le principe de Rameau	196
VI. — La musique vue par les français du XVIIIe siècle	215
VII. — L'expression	227

INDEX OF NAMES

Alembert, Jean le Rond d'. 170n, 191f.
Ancelet. 217n.
Anglebert, Jean-Henri d'. 62, 84.
[Anon.] *Dissertation sur la musique françoise et italienne*. See Pellegrin.
[Anon.]. *Lettre à M...* 189n.
[Anon.]. *Lettre à Madame la marquise de P...* See Mably.
[Anon.]. *La musique théorique et pratique* (1722). See [Didier-Saurin].
[Anon.]. *Méthode de musique* (1728). See [Demoz de la Salle].
[Anon.]. *Remarques au sujet de la lettre de M. Grimm sur Omphale*. 191n.
[Anon.]. *Réponse à la critique de l'opéra de Castor*. 218.

Bach, J.S. 98n.
Bacilly, Bénigne de. 13n, 54, 59, 65, 68f, 77, 79n, 81, 89n, 91, 133f.
Bailleux, Antoine. 19n, 56, 68, 73n, 83, 90, 93, 95.
Bailly, 3n.
Batteux, Charles. 230f.
Bedos de Celles, Dom François. 60f.
Bérard, Jean-Antoine. 5-12, 79n, 83.
Berthet, Pierre. 59.
Béthizy de Mézières, Jean-Laurent de. 1n, 37, 94, 217.
Blainville, Charles-Henri de. 150, 189, 192f.
Blanchet, Jean. 55, 79, 83, 97, 100, 102n, 164n.
Blavet, Michel. 139f.
Boindin, Nicolas. 41.
Boisgelou, Paul-Louis Roualle de. 28, 38.
Bolliuod de Mermet, Louis. 49, 96, 143, 229.
Bonnet, Jacques. 95.
Bordet, Toussaint. 163.
Bordier, Louis-Charles. 56, 117n.
Borghese, Antonio. 131, 229.
Borjon de Scellery, Charles-Emmanuel. 170.
Bornet l'aîné. 19n, 159n.
Bossuet, Jacques-Bénigne. 227f.
Bouin, Jean-François. 56, 76n, 83.
Bourdelot. See Bonnet.
Bourgeois, Loys. 150n.
Boyé. 14.
Boyer, Pascal. 165f, 173.
Boyvin, Jacques, 33, 120n, 123n.
Brijon, C.-R. 19n, 23, 26, 48, 50, 69, 140, 154, 158ff, 217f.

Brossard, Sébastien de. 19*n*, 30, 71, 139*n*, 143, 157, 211, 223-226.
Buchoz, Pierre-Joseph. See Marquet.
Burney, Charles. 39.
Buterne, Charles. 68.

Caffiaux, Dom Philippe-Joseph. 33*f*.
Cajon, Antoine-François. 156*n*.
Campion, François. 31, 115.
Carré, le frère Rémy. 210.
Cartier, Jean-Baptiste. 19*n*.
Caus, Salomon de. 69.
Cazotte, Jacques. 55.
Chabanon, Michel-Paul Guy de. 49, 187*n*, 189, 215, 222*f*, 223*n*.
Charpentier, Marc-Antoine. 128*n*, 213.
Chastellux, François-Jean de. 143.
Choquel, Henri-Louis. 10*n*, 76, 83, 141, 168, 184, 188, 194.
Cléret. 56, 131, 165, 171.
Coclico, Adrianus Petit. 1*n*, 3*n*, 230.
Corrette, Michel. 19*n*, 20, 24*n*, 25*ff*, 34*n*, 45*f*, 62*n*, 65*f*, 71, 127, 142, 155, 164*n*, 194, 213*n*.
Couperin, François. 33, 34*n*, 35*ff*, 52, 56, 60*f*, 62*n*, 88, 99*f*, 126, 133*n*, 139*n*, 152, 168, 171*f*, 181.
Cucuel, Georges. 42.

D'Aquin de Château-Lyon, Pierre-Louis. 34, 94, 228.
David, François. 13*n*, 76, 81, 84, David, *(continued)* 86, 170, 188*f*.
Delair, Denis. 118*n*, 121*f*, 131.
Dellain, Charles-Henri. 79, 89*n*.
[Demoz de la Salle]. 56, 90*n*, 142*n*, 165, 193*n*, 211.
Denis, Claude. 81*n*, 165, 169*n*, 171.
Dictionnaire de Trévoux, i.e., *Dictionnaire universel*. 91.
Diderot, Denis. 196*n*. See also *Encyclopédie*.
[Didier-Saurin]. 163, 174, 188.
Dieupart, Charles. 83*n*.
Dornel, Antoine. 213*n*.
Dubos, Jean-Baptiste. 14, 173*n*.
Duphly, Jacques. 34*n*.
Dupont, Pierre. 19*n*, 21*ff*.
Duport, Jean-Louis. 26.
Dupuit, Jean-Baptiste. 53, 56, 103*n*.
Durieu. 19*n*, 25, 56, 66, 98*n*, 141*f*, 159*n*.
Duval, abbé Pierre. 65, 85, 98*n*, 155.

Emy de l'Ilete. 86, 161*f*.
Encyclopédie. 32, 44, 49, 105, 161, 172, 182, 190, 229.
Encyclopédie méthodique. Musique. 17*ff*, 25*n*, 34*n*, 36*n*, 119, 183, 190, 230.
Engramelle, Marie-Dominique-Joseph. 152*f*.
État actuel de la musique du roi. 134.

Fontenay, Louis-Abel de Bonafous, abbé de. 39.

INDEX OF NAMES

Foucquet, Pierre-Claude. 56, 88.
Framery. See *Encyclopédie méthodique* and *Journal de Musique.*
Freillon-Poncein, Jean-Pierre. 81.
Fréron, Elie-Catherine. 149f.

Gabory. 172.
Garcin de Cottens. 134, 193.
Garcins, Laurent. 211f.
Genlis, Stéphanie-Félicité du Crest, comtesse de. 182f.
Gervais, Laurent. 113f.
Gouy, Jacques de. 211, 213n.
Grétry, André Ernest Modeste. 95, 144f, 174, 182.
Guillemain, Louis-Gabriel. 135.

Hotteterre, Jacques. 69f, 100n, 172.

Jamard, T. 172.
Journal de musique. 144.

LaBarre, Michel de. 133.
L'Abbé le fils (Joseph Barnabé Saint-Sevin). 19n, 26n, 69n, 159n.
Laborde, Jean-Benjamin de. 40ff.
Lacassagne, Joseph. vi, 12, 73n, 90n, 173.
LaCépède, Bernard-Germain-Etienne de la Ville sur Illon, Compte de. 218n.
LaChapelle, Jacques-Alexandre de. 4, 142, 184.
Lacombe. 129n, 182, 210n, 214, 222.

L'Affilard, Michel. 56, 62n, 67, 101f, 178n, 184.
Laugier, Marc-Antoine. 225f.
Laujon, P. 41.
La Voye Mignot. 103n.
Le Blanc, Hubert. 149n, 181n.
Le Bœuf. 117n, 119n.
Le Cerf de la Viéville, Jean-Laurent, Seigneur de Freneuse. 3n, 43n, 45, 228.
Leclair, Jean-Marie l'aîné. 59, 95.
Lécuyer. 13, 61, 80, 97n, 183n.
Ledran, N.L. 31.
Le Pileur d'Apligny. 188.
Le Roux, Gaspard. 62.
Loulié, Etienne. 75, 81f, 84f, 93n, 150f, 184.

Mably, Gabriel Bonnet, abbé de. 210n.
Machy, Le Sieur de. 170f.
Maltot. 32, 114.
Mangin. 54, 86n.
Marchand. 223.
Marquet, François-Nicolas. 169. [Buchoz].
Masson, Charles. 188.
Masson, Paul-Marie. 149.
Maugars, André. 146.
Mercure de France. See Morellet.
Mersenne, Marin. 2, 20f, 27, 37n, 38, 146, 148, 180.
Métoyen, J.-B. 159f.
Meude-Monpas, J.J.O., Chevalier de. 50, 189.
Mollieu. 231n.
Mondonville, Jean-Joseph Cassanea de. 20, 135.

Montéclair, Michel Pignolet de. 19*n*, 21, 25*f*, 46, 56*f*, 62, 64, 71-74, 85, 142, 153*ff*, 171.
Morand, Pierre de. 196*n*.
Morellet, André. 215, 218*ff*.
Muffat, Georg. 21*f*, 26, 48, 54, 168*f*.

Nemeitz, Joachim Christoph. 34.
Niert, Pierre de. 3*n*.
Nivers, Guillaume-Gabriel. 39, 56, 128*n*.

Ons-en-Bray, Louis-Léon Pajot, Comte d'. 184*f*.

PARIS, Bibiothèque nationale. MS autogr. fr. 22536-38 [Caffiaux: "Histoire"]; MS fr. n.a. 4673 [Couperin: "Regle"]; MS fr. n.a. 6355-56 [Brossard: "Mélanges et extraits" (including Charpentier: "Règles," "Abrégé"; Loulié: "Traité," etc.)]; Rés Vm^8. 19 [Brossard: "Catalogue"]; Rés Vm^8. 26 [Boisgelou: "Catalogue"].
Pellegrin, l'abbé. 148.
Pluche, abbé Noël-Antoine. 1*n*.
Pure, Michel de. 2, 23*n*, 32.

Quantz, Johann Joachim. 143*f*, 231.
QUERELLE DES BOUFFONS. See Anonymous: *Dissertation, Remarques*; and Cazotte, Chastellux, Diderot, Fréron,

QUERELLE DES BOUFFONS. *(continued)*
Laugier, Morand, Rochemont, J.-J. Rousseau.

Raguenet, abbé François. 147.
Raison, André. 163, 167*f*.
Rameau, Jean-Phillippe. 16*n*, 34*f*, 37, 52, 56, 61*n*, 62*n*, 77, 85, 88, 100, 105, 119, 121, 129*n*, 170, 180*f*, 189*n*, 190, 196-212, 227.
Rebel, Jean-Fery. 51.
Recueil d'édits. 40.
Rémond de Saint-Mard, Toussaint de. 216, 228*f*.
Rochemont. 196*n*.
Rousseau, Jean. 1*n*, 28*ff*, 53, 60, 71, 83, 90, 132, 137*n*, 211.
Rousseau, Jean-Jacques. 142, 181*f*, 196*n*, 192.

Saint-Evremond, Charles de St-Denis, Sieur de. 146*f*.
Saint-Lambert, Michel de. 33*f*, 60, 62, 84, 87*n*, 96*f*, 116*n*, 121*n*, 122*n*, 124, 126, 131, 132*n*, 137*n*, 138*n*, 151*f*, 165*f*, 170*f*, 179, 195, 231*n*.
Saint-Sevin. See L'Abbé le fils.
Sauveur, Joseph. 31, 142, 184.
Senecé, Antoine Bauderon, Sieur de. 95, 183.
Sévigné, Marie, Madame de. 227*f*.

Tapray, Jean-François. 34*n*.
Tarade, Théodore-Jean. 19*n*, 23*n*, 24*n*, 26, 59.

INDEX OF NAMES

Titon du Tillet, Evrard. 31, 46.
Toinon. 69, 81.

Vagué. 57, 165.
Van Helmont, Charles-Joseph. 98.
Villeneuve, Josse de. 12*n*, 56, 62, 67, 89, 100*ff*, 191*n*.

Villers, Clémence de. 192, 199.
Villers, Madame de. 192, 229.
Vion, Charles-Antoine. 140, 172, 175*ff*, 188.
Voltaire (François-Marie Arouet). 173*n*, 174*n*, 187*f*.

LIBRARY OF DAV

Books on
must be pr